RAEL

LIBRI QË TREGON TË VËRTETËN

Mesazhi i jashtëtokësorëve

Titulli origjinal i veprës:

Le Livre qui dit la Vérité

Le message donné par les extra-terresres

E drejta e autorit © The Raelian Foundation 2024.

Rael është identifikuar si autori i kësaj vepre në përputhje me Ligjin për të Drejtat e Autorit, Dizajni dhe Patentat 1988 Të gjitha të Drejtat e Rezervuara. Asnjë pjesë e këtij botimi nuk mund të riprodhohet, ruhet në baza të dhënash dhe të transmetohet në çfarëdo forme me mjete elektronike ose mekanike, fotokopje, printime, regjistrime ose ndryshe, pa lejen e botuesit dhe mbajtësit të së drejtës së autorit.

Përkthyer nga libri "Le Livre qui dit la Vérité. Le message donné par les extraterrestrials" shkruar në frëngjisht nga Rael, botuar fillimisht në 1974 nga "L'Edition du Message".

ISBN: 9781938589119

Botuesi: Nova Distribution
Botuesi mund të kontaktohet në: publishing@rael.org

Falemninderit:
Përkthimi shqip: Sinani Sokol
Përkthimi dhe kompozimi në shqip: Gian Elio De Marco Ezael
Arti i kopertinës: Elena Del Carlo

INDEKSI

Kapitulli 1 – Takimi

Takimi 5

Kapitulli II - E vërteta

Gjeneza 13
Përmbytja 20
Kulla e Babelit 22
Sodoma dhe Gomorra 23
Sakrifica e Abrahamit 24

Kreu III - Mbikëqyrja e të zgjedhurve

Moisiu 27
Borizat e Jerikos 31
Samsoni telepatik 33
Vendbanimi i parë për të mirëpritur Elohimin 36
Elia lajmëtar 37
Shumëzimi i bukëve 39
disqet fluturuese të Ezekielit 41
Aktgjykimi përfundimtar 48
Satanai 51
Burrat nuk mund të kuptonin 52

Kapitulli IV - Dobia e Krishtit

Konceptimi 59
Fillimi 60
Shkencat paralele humane 62
Mrekullitë shkencore 65
Duke merituar trashëgiminë 67

Kapitulli V - Fundi i botës

1946: viti 1 i epokës së re 72
Fundi i Kishës 73
Krijimi i Shtetit të Izraelit 75
Gabimet e Kishës 76
Në origjinën e të gjitha feve 78
Njeriu: një sëmundje e universit 80
Evolucioni: një mit 82

Kapitulli VI - Urdhërimet e reja

Gjeniokracia 86
Humanitarizmi 88
Qeveria Botërore 90
Misioni juaj 91

Kapitulli VII – Elohim

Bombat atomike 95
Mbipopullimi 96
Sekreti i përjetësisë 98
Arsim në kimi 103
Lëvizja Raeliane 105

Postshkrimi i autorit 108
Vepra të tjera të autorit 114

Kapitulli I

Takimi

Që në moshën nëntëvjeçare kam pasur gjithmonë vetëm një pasion: sportin motorik. Dhe nëse kam krijuar një revistë të specializuar në këtë sektor tre vjet më parë, ishte për të qenë në gjendje të jetoj në këtë mjedis shumë emocionues, ku njeriu përpiqet të kapërcejë veten duke tejkaluar të tjerët. Që në fëmijërinë time të hershme, ëndërroja që një ditë të bëhesha shofer garash dhe tashmë e shihja veten duke ndjekur hapat e Fangios. Falë raporteve që më jepte gazeta që themelova, pata mundësinë të drejtoja vetë, dhe gjithmonë shumë shkëlqyeshëm. Sot rreth dhjetë gota dekorojnë banesën time.

Nëse do të shkoja në vullkanet e zhdukura që dominojnë Clermont-Ferrand atë mëngjes të 13 dhjetorit 1973, ishte më shumë për të marrë pak oksigjen sesa për të ecur me makinë. Dhe pastaj këmbët e mia ishin mpirë pas një viti të kaluar duke ndjekur garat, qark pas qarku, duke jetuar pothuajse gjithmonë në katër rrota.

Ajri ishte i freskët dhe qielli mjaft gri, me një sfond të mjegullt. Eca dhe bëra disa "vrapim". E lashë rrugën në të cilën kisha parkuar makinën dhe u nisa për të arritur në qendër të kraterit Puy-de-Lassolas ku, gjatë verës, vija shpesh për të bërë piknik me familjen time. Çfarë vendi i mrekullueshëm dhe emocionues! Dhe të mendosh se vetëm disa mijëra vjet më parë, ku këmbët e mia preknin tokën, llava shpërtheu në temperatura tepër të larta. Midis skorjeve mund të gjenden edhe bomba vullkanike shumë dekorative. Bimësia jo shumë e harlisur të bën të mendosh pak për Provence, por pa diell. Isha gati të ktheheshа pas dhe hodha një vështrim të fundit në majën e malit rrethor të krijuar nga grumbullimi i mbeturinave. Sa herë më ka pëlqyer rrëshqitja në këto shpate të pjerrëta.

Papritur, në mjegull, pashë një dritë të kuqe të ndezur, pastaj një lloj helikopteri që zbriste drejt meje. Por një helikopter bën zhurmë dhe nuk dëgjova absolutisht asgjë, as edhe fërshëllimën më të vogël. Nje top? Objekti tani ishte rreth njëzet metra mbi nivelin e detit dhe vura re se kishte një formë të rrafshuar. Një disk fluturues!

Unë kam besuar fort në të për një kohë të gjatë, por nuk shpresoja ta shihja një ditë. Ai ishte rreth shtatë metra në diametër, i sheshtë poshtë dhe konik sipër dhe rreth dy metra e gjysmë i lartë. Në bazë, një dritë e kuqe e dhunshme vezullonte dhe në pikën më të lartë, një dritë e bardhë e ndërprerë i ngjante një blici të kamerës. Kjo dritë e bardhë ishte aq intensive sa nuk mund ta shikoja pa i këputur sytë. Objekti vazhdoi të zbriste pa bërë zë dhe ngriu dy metra mbi tokë.

Isha i ngurtësuar dhe qëndrova absolutisht i palëvizshëm. Nuk pata frikë, përkundrazi... Më mbushi gëzimi duke jetuar një moment të tillë. Më erdhi keq që nuk kisha një aparat fotografik me vete. Pastaj ndodhi e pabesueshmja: nën aparat u hap një derë trap dhe një lloj shkalle u shpalos në tokë. E dija se një qenie do të dilte dhe pyesja veten se si do të dukej.

U shfaqën dy këmbë, pastaj dy këmbë, të cilat më qetësuan pak pasi me sa duket kisha të bëja me një burrë. Ai që në fillim kisha marrë për fëmijë më në fund u shfaq plotësisht, zbriti shkallët dhe eci drejt meje. Atëherë pashë që ai nuk ishte fëmijë, pavarësisht nga lartësia e tij rreth pesë këmbë.

Ai kishte sy paksa orientalë, flokë të gjatë të zinj dhe një mjekër të vogël të zezë. Ai ndaloi rreth dhjetë metra larg meje. Nuk kisha lëvizur ende. Ai kishte veshur një kostum jeshil një-copë që i mbulonte të gjithë trupin dhe ndërsa koka e tij dukej gjithashtu në ajër të hapur, një aureolë e çuditshme e rrethoi atë. Jo shumë aureolë, dukej sikur ajri rreth fytyrës së saj po vezullonte dhe vibronte pak.

Kjo të jepte përshtypjen se ai kishte veshur një kostum zhytjeje të padukshme, si një sferë aq e hollë sa mezi e perceptonte. Lëkura e tij ishte e bardhë, me një gips të lehtë ulliri, pak si një njeri që vuan nga mëlçia. Ai më buzëqeshi paksa. Mendova se gjëja më e mirë për të bërë ishte t'i përgjigjesha kësaj buzëqeshjeje. Nuk isha fare i qetë. Buzëqesha edhe unë dhe përkula kokën pak si përshëndetje. Ai m'u përgjigj me të njëjtin gjest. Për t'u siguruar që ai më kuptonte, e pyeta:

"Nga vini?"
Ai u përgjigj me një zë të fuqishëm, të artikuluar shumë mirë, por pak hundor:
- Nga shumë larg.
- Flasin frengjisht?
- Unë flas të gjitha gjuhët e botës.
- A vini nga një planet tjetër?
- Po.
Ndërsa fliste, kishte ardhur rreth dy metra nga unë.
- A është kjo hera juaj e parë në Tokë?
- Oh jo!
- Ke ardhur shumë shpesh këtu?
- Shumë shpesh... kjo është më e pakta që mund të themi.
- Çfarë po vini të bëni?
- Të flas me ju sot.
- Për mua?
- Po, për ty, Claude Vorilhon, botues i një reviste të vogël sportive motorike, i martuar, baba i dy fëmijëve.
- Nga i di të gjitha këto?
- Ne të kemi parë për një kohë të gjatë.
- Pse une?
- Pikërisht këtë dua t'ju them. Pse erdhe këtu në këtë mëngjes të ftohtë dimri?
- Nuk e di... dua të eci pak në ajër të hapur.
- A vjen këtu shpesh?
- Në verë po, por këtë sezon praktikisht kurrë.
- Pra, pse sot? E kishit parashikuar prej kohësh këtë shëtitje?
- Jo unë nuk e di. Sot në mëngjes kur u zgjova, papritmas ndjeva dëshirën për të ardhur këtu.
- Ti erdhe sepse doja te te shihja. A besoni në telepati?
- Po sigurisht. Është një temë për të cilën unë kam qenë gjithmonë i interesuar, si për gjithçka që lidhet me atë që njerëzit i quajnë "pjata fluturuese". Nuk e kisha menduar kurrë se do ta shihja vetë.
- Epo, unë përdora telepatinë për të sjellë këtu. Unë kam shumë gjëra për t'ju thënë. A e keni lexuar Biblën?
- Po pse po me pyet mua?
- E ke lexuar shumë kohë më parë?
- Jo, e bleva vetëm pak ditë më parë.
- Pse?

- Nuk e di, papritmas më erdhi dëshira ta lexoja.
- Edhe në këtë rast te kam bërë ta bleje në mënyrë telepatike. Kam shumë gjëra për t'ju thënë dhe ju kam zgjedhur për një mision të vështirë. Ejani tek pajisja ime, do të jemi më rehat të flasim pak.

E ndoqa dhe u ngjita në shkallën që ishte nën disk fluturues. Duke parë nga afër, dukej paksa si një zile e rrafshuar me një fund të plotë dhe të rrumbullakosur. Brenda kishte dy kolltuqe përballë njëri-tjetrit dhe temperatura ishte e butë pa u mbyllur dera. Edhe pse nuk kishte llamba, një dritë natyrale shpërndahej gjithandej. Nuk kishte as një instrument në bord që i ngjante një kabine. Dyshemeja ishte bërë nga një aliazh shkëlqyes, paksa kaltërosh. Pasi u ula në kolltukun më të madh, por më të ulët, të bërë nga një material i vetëm, disi transparent, pa ngjyrë dhe shumë komod, djali i vogël u ul përballë meje, në një ndenjëse të ngjashme, por më të vogël e më të lartë, në mënyrë që të fytyra ishte në të njëjtin nivel me imja. Më pas ai preku një pjesë të murit dhe i gjithë aparati u bë transparent, me përjashtim të bazës dhe çatisë. Ishim si në ajër të hapur, por në një ngrohtësi të ëmbël. Ai më ofroi të hiqte pallton, gjë që bëra dhe fola.

- Jeni penduar vërtet që nuk keni një aparat fotografik për t'i treguar të gjithëve për intervistën tonë, provat në dorë?
- E sigurt.
- Me degjo. Do të tregoj, por duke thënë të vërtetën se çfarë janë ata dhe çfarë jemi ne. Në varësi të reagimeve të tyre, do të shohim nëse mund të tregohemi lirisht dhe zyrtarisht. Prisni derisa të dini gjithçka përpara se t'u tregoni të tjerëve për ne, në mënyrë që të mbroni veten si duhet kundër atyre që nuk do t'ju besojnë dhe të mund të ofroni prova të pakundërshtueshme. Do të shkruash gjithçka që unë të them dhe do të botosh librin që do të përmbajë të gjitha këto shkrime.
- Pse më zgjodhe mua?
- Për shumë arsye. Së pari, kishim nevojë për dikë që jetonte në një vend ku idetë e reja janë të mirëpritura dhe ku mund të shprehen. Franca është vendi ku lindi demokracia dhe imazhi i saj në mbarë tokën është ai i një vendi të lirisë. Atëherë kishim nevojë për dikë që ishte inteligjent dhe i hapur ndaj gjithçkaje. Së fundi dhe më e rëndësishmja, ne kishim nevojë për dikë që ishte një mendimtar i lirë pa qenë antifetar. Duke qenë një baba hebre dhe një nënë katolike, ajo rezulton të jetë lidhja ideale mes dy popujve shumë të rëndësishëm në historinë e botës. Nga ana tjetër, aktiviteti i saj, duke mos e predispozuar për zbulime të pabesueshme për shumicën, do t'i bëjë fjalët e saj më të besueshme. Duke mos qenë shkencëtar, ai nuk do ta ndërlikojë dhe ta shpjegojë thjesht.

Duke mos qenë i ditur, ai nuk do të bëjë fjali që janë të ndërlikuara dhe të vështira për t'u lexuar për shumicën e njerëzve.
Më në fund vendosëm të zgjedhim dikë që ka lindur pas shpërthimit të parë atomik që ndodhi në vitin 1945, dhe ju keri lindur në vitin 1946.

Tè kemi ndjekur që nga lindja jote dhe madje edhe më parë. Kjo është arsyeja pse ne të zgjodhëm ty. A keni ndonjë pyetje tjetër për mua?

- Nga vini?
- Nga një planet i largët për të cilin nuk do t'ju them asgjë nga frika se njerëzit e Tokës mund të na prishin qetësinë nëse nuk sillen me mençuri.

- A është shumë larg?
- Shumë larg. Kur t'ju them distancën, do të kuptoni se sigurisht që nuk mund ta arrini atë me njohuritë tuaja teknike dhe shkencore aktuale.
- Si e ke emrin?
- Ne jemi qenie njerëzore si ju dhe jetojmë në një planet mjaft të ngjashëm me Tokën.

- Sa kohë duhet për të ardhur në Tokë?
- Koha për të menduar për të.

- Pse keni ardhur në tokë?
- Për të parë se ku kanë ardhur qeniet njerëzore dhe t'i vëzhgojnë ata. Ata janë e ardhmja, ne jemi e shkuara.

- Jeni të shumtë?
- Më shumë se ju.

- Do të doja të shkoja në planetin tënd, a mundem?
- Jo. Para së gjithash, ti nuk mund të jetonje atje. Atmosfera është shumë e ndryshme nga e jotja dhe ti nuk je ende i përgatitur sa duhet për të përballuar udhëtimin.

- Pse takohemi këtu?
- Sepse krateri i një vullkani është vendi ideal për të qëndruar larg syve kureshtarë.

Tani do të largohem. Kthehuni nesër me Biblën, në të njëjtën kohë, Dhe sillni për të mbajtur shënime. Mos sill asgjë metalike me vete dhe mos i trego askujt për takimin tonë, përndryshe nuk do të shihemi më.

Ai më dha pallton, më ftoi të zbres në shkallë dhe më bëri me dorë lamtumirë. Shkallët u palosën, dera e kurthit u mbyll pa zhurmën më të vogël dhe, përsëri pa një shushurimë apo fëshfërimën më të vogël, avioni u ngrit ngadalë në rreth katërqind metra mbi tokë, pastaj u zhduk në mjegull.

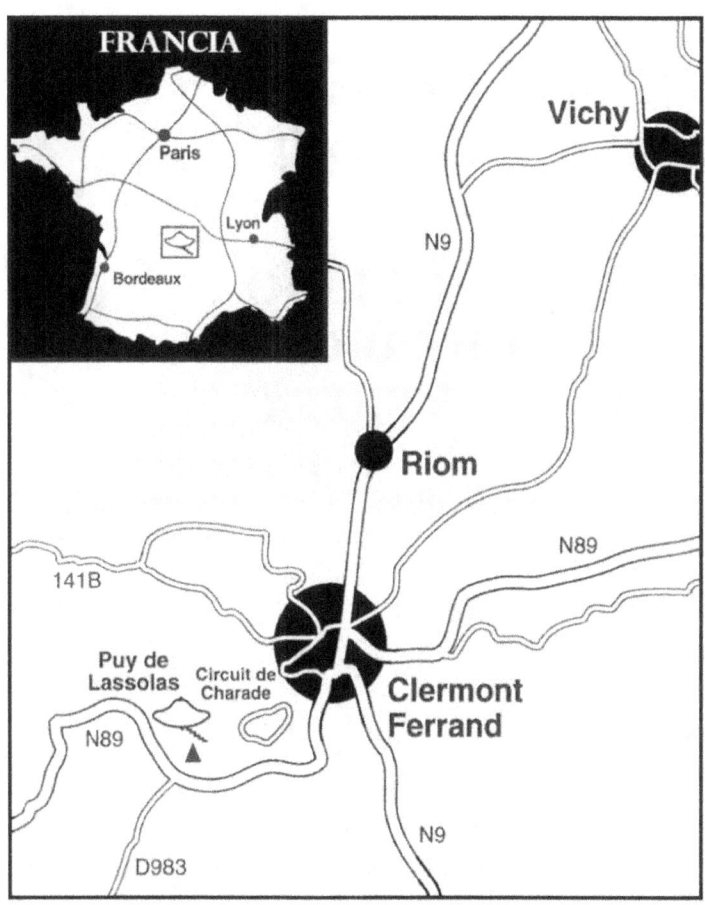

Vendi i takimit të parë të Raelit me Elohim që u zhvillua më 13 dhjetor 1973: Puy-de-Lassolas, një vullkan i shuar i vendosur në Chaîne des Puys, në Masivin Qendror, afër Clermont-Ferrand.

LIBRI QË TREGON TË VËRTETËN

Kapitulli II

E vërteta

Zanafilla

Resh

Kulla e Babelit

Sodoma dhe Gomorra

Sakrifica e Abrahamit

Gjeneza

Të nesërmen isha në takim me një fletore, një stilolaps dhe një Bibël. Makineria u rishfaq në orën e caktuar dhe e gjeta veten përballë të njëjtit vogëlush që më ftoi të hyja dhe të uleshin në kolltukun e rehatshëm. Nuk i kisha treguar askujt për përvojën time, madje as miqtë e mi më të ngushtë, dhe ai u gëzua kur mësoi se kisha qëndruar i matur. Më ftoi të mbaj shënime dhe filloi të fliste.

"Shumë kohë më parë, në planetin tonë të largët, njerezit arritën një nivel teknik dhe shkencor të krahasueshëm me atë që do të arrini së shpejti. Ata filluan të krijojnë forma jete primitive dhe embrionale, qeliza të gjalla në epruveta. Kjo i emocionoi të gjithë. Ata përsosën teknikat e tyre dhe arritën të krijonin kafshë të vogla dhe të çuditshme, derisa opinioni publik dhe qeveria e planetit tonë i ndaloi këta studiues të vazhdonin përvojat e tyre dhe të krijonin monstra që mund të rezultojnë të rrezikshëm për komunitetin. Në të vërtetë, një nga këto kafshë kishte shpëtuar dhe kishte shkaktuar disa viktima.

Duke qenë se eksplorimi ndërplanetar dhe ndërgalaktik kishte bërë përparim paralel, ata vendosën të niseshin drejt një planeti të largët i cili pak a shumë plotësonte të gjitha kushtet e nevojshme për vazhdimin e përvojave të tyre. Ata zgjodhën Tokën ku jetoni. Dhe pikërisht këtu ju kërkoj të merrni Biblën, në të cilën do të mund të gjeni gjurmë të së vërtetës. Natyrisht, këto gjurmë janë shtrembëruar disi nga kopjuesit, të cilët nuk mund t'i konceptonin teknologjikisht fakte të tilla dhe nuk mund të bënin gjë tjetër veçse t'ia atribuonin gjërat e përshkruara aty mistikes dhe të mbinatyrshmes.

Vetëm pjesët e Biblës që do të përkthej janë të rëndësishme. Të tjerat janë thjesht muhabet poetik dhe as që do t'i përmend. Pranoni megjithatë se, falë ligjit që kërkonte që Bibla të kopjohej pa ndryshuar asgjë, as shenjën më të vogël, kuptimi i thellë ka mbetur, edhe nëse teksti është ngarkuar me fraza mistike dhe të padobishme gjatë mijëvjeçarëve,
Merrni Gjeneza fillimisht, kapitullin e parë:

Në fillim, Elohim krijoi qiejt dhe tokën. (Gjeneza 1,1)

Elohim, i përkthyer padrejtësisht në disa Bibla me fjalën Zot, në hebraishten e lashtë do të thotë "ata që erdhën nga parajsa" dhe është pikërisht në shumës. Kjo do të thotë se, në radhë të parë, shkencëtarët e ardhur nga bota jonë kërkuan planetin që dukej më i përshtatshëm për realizimin e projekteve të tyre. Ata "krijuan", zbuluan në të vërtetë Tokën dhe kuptuan se ajo bashkoi të gjithë elementët e nevojshëm për krijimin e jetës artificiale, edhe nëse atmosfera e saj nuk ishte plotësisht identike me të tyren.

Dhe fryma e Perëndisë rrëshqiti mbi sipërfaqen e ujërave. (Gjeneza 1,2)

Ata bënë udhëtime zbulimi dhe vendosën satelitë artificialë, siç mund t'i quani ju, në orbitë rreth Tokës për të studiuar strukturën dhe atmosferën e saj. Në atë kohë Toka ishte e mbuluar tërësisht nga ujërat dhe mjegulla e dendur.

Elohim pa që drita ishte e mirë. (Gjeneza 1,4)

Ishte e rëndësishme, për të krijuar jetë në Tokë, të sigurohesh që dielli të mos dërgonte rrezatim të dëmshëm në sipërfaqen e tij, dhe kjo u studiua. Doli se dielli e ngrohi saktë Tokën pa i dërguar rreze të dëmshme. "Drita ishte e mirë".

Kishte një mbrëmje, ishte një mëngjes: dita e parë. (Gjeneza 1.5)

U desh pak kohë për të kryer këto studime. "Dita" korrespondon me periudhën gjatë së cilës dielli juaj lind nën të njëjtën shenjë në ditën e ekuinoksit të pranverës, që korrespondon me afërsisht dy mijë vjet tokësorë.

Ai ndau ujërat nën kupë qiellore nga ujërat mbi kupë qiellore. (Gjeneza 1,7)
Pasi studiuan rrezatimin kozmik mbi re, ata zbritën poshtë reve, ndërsa mbetën mbi ujëra. Midis ujërave sipër, reve dhe atyre poshtë, oqeani që mbulonte gjithë tokën.

Që ujërat që janë nën qiej të mblidhen në një vend dhe shfaqet tufa. (Gjeneza 1,9)

Pasi studiuan sipërfaqen e oqeaneve, ata studiuan thellësitë e tyre dhe kuptuan se ato nuk ishin shumë të thella. Ata zbuluan gjithashtu se thellësia ishte pak a shumë e njëjtë kudo. Më pas, falë shpërthimeve mjaft të forta, të cilat, në një farë kuptimi, bënin punën e një buldozeri, ato bënë që materia të ngrihej nga fundi i deteve dhe të grumbullohej në një vend për të formuar një kontinent. Fillimisht, kishte vetëm një kontinent në Tokë. Shkencëtarët tuaj, për më tepër, sapo kanë kuptuar se të gjitha kontinentet në lëvizje përshtaten në mënyrë të përkryer së bashku për të formuar një të vetme.

Le të prodhojë Toka livadhe, bar (...) pemë (...) që kanë farën e tyre në to... sipas llojit të tyre. (Gjeneza 1,11-12)

Në këtë laborator të mrekullueshëm dhe gjigant, ata më pas krijuan qeliza bimore duke u nisur ekskluzivisht nga elementët kimikë bazë. Kjo prodhoi bimë të të gjitha llojeve. Të gjitha përpjekjet e tyre ishin të përqendruara në riprodhimin. Ishte e nevojshme që ato pak fije bari që ata lindën të mund të riprodhoheshin. Ata u përhapën në këtë kontinent të madh dhe u ndanë në grupe të ndryshme kërkimore shkencore. Secila prej tyre, në varësi të klimës dhe frymëzimit, krijoi bimë të ndryshme. Këta shkencëtarë takoheshin në intervale të rregullta për të krahasuar kërkimet dhe krijimet e tyre. Nga larg, popullsia e planetit të tyre të origjinës e ndoqi punën e tyre me çudi dhe pasion. Artistët më të shkëlqyer u bashkuan me shkencëtarët për t'i dhënë disa bimëve një qëllim thjesht dekorativ dhe të këndshëm, si për pamjen e tyre ashtu edhe për parfumin e tyre.

Le të ketë drita në kupë qiellore për të ndarë ditën nga nata dhe për të shërbyer si shenja për stinët, ditët dhe vitet! (Gjeneza, 1,14)

Duke vëzhguar yjet dhe diellin, ata ishin në gjendje të masin gjatësinë e ditëve, muajve dhe viteve në Tokë. Kjo do të kishte shërbyer për të rregulluar jetën e tyre në këtë planet të ri kaq të ndryshëm nga i tyri dhe ku ditët nuk kishin fare të njëjtën gjatësi, si dhe vitet. Studimet astronomike i lejuan ata të lokalizoheshin në mënyrë të përsosur dhe të njihnin më mirë Tokën.

Ujrat të mbushen me një mori qeniesh të gjalla dhe zogjtë të fluturojnë mbi tokë (...). (Gjeneza 1,20)

Më vonë, ata krijuan kafshët e para ujore. Ata filluan me plankton dhe më pas kaluan te peshqit e vegjël dhe më pas te ata më të mëdhenj. Në mënyrë që e gjithë kjo botë e vogël të jetë në ekuilibër dhe të mos vdesë, ata krijuan algat që peshqit e vegjël të ushqeheshin me to. Pastaj bënin peshqit e mëdhenj për të ngrënë më të vegjlit e kështu me radhë. Ishte e nevojshme që të vendosej një ekuilibër natyror dhe që një specie të mos shkatërronte plotësisht atë që duhej të ushqehej. Ishte, në një farë mënyre, ajo që ju e quani ekologji sot. Dhe puna ishte e suksesshme.

Ata shpesh takoheshin dhe organizonin konkurse për të caktuar ekipin e studiuesve që kishin krijuar kafshën më të bukur ose më interesante.

Pas peshqve ata krijuan zogjtë dhe duhet thënë se këtë e bënë me nxitjen e artistëve të cilët, për më tepër, me gëzim iu përkushtuan përhapjes së ngjyrave më të çmendura dhe formave më befasuese te kafshët, të cilat ndonjëherë me vështirësi ia dilnin. fluturojnë për shkak të puplave të tyre shumë të mëdha dekorative. Ndërkohë kriteret e garave u përmirësuan. Pas formularëve, ata modifikuan sjelljen e këtyre kafshëve gjatë përgatitjes për çiftëzim, në mënyrë që të performonin valle martesore gjithnjë e më të admirueshme. Por ekipe të tjera të urtëve krijuan kafshë të frikshme, përbindësha, të cilët dëshmuan të drejtën e atyre që nuk kishin dashur që ata të kishin këto përvoja në planetin e tyre. Ata krijuan dragonj ose ato që ju i quani dinosaurët, brontosaurët, etj.

Le të prodhojë Toka kafshë të gjalla, sipas llojit të tyre: bagëti, zvarranikë, kafshë të egra, sipas llojit të tyre! (Gjeneza 1,24)

Pasi populluan detet dhe ajrin, ata krijuan kafshë tokësore në një tokë, bimësia e së cilës ishte bërë e mrekullueshme. Kishte ushqim për barngrënësit. Këto ishin kafshët e para të tokës që u krijuan. Më vonë, ata krijuan mishngrënës për të balancuar popullatën e barngrënësve. Përsëri, ishte e nevojshme që speciet të balanconin veten.

Këta burra ishin nga planeti nga vij unë. Unë jam një nga ata që krijuan jetën në Tokë.

Pikërisht në këtë pikë, më të aftët prej nesh donin të krijonin artificialisht një qenie njerëzore si ne. Secili ekip filloi të punojë dhe së shpejti ne po krahasonim krijimet tona. Por banorët e planetit tonë të origjinës ishin të indinjuar që ne po bënim "foshnja në epruvetë" të cilët ndoshta një ditë mund të vinin dhe të bënin kërdi mes tyre. Ata kishin frikë se këto qenie njerëzore mund të përbënin rrezik nëse aftësitë ose fuqitë e tyre do të rezultonin se ishin më të larta se ato të krijuesve të tyre. Ne duhej të angazhoheshim që t'i linim të jetonin në mënyrë primitive, pa u zbuluar asgjë shkencore, duke mistifikuar kështu punën tonë. Është e lehtë të gjurmosh numrin e ekipeve të krijuesve: një për çdo racë njerëzore.

Le ta bëjmë njeriun sipas shëmbëlltyrës dhe ngjashmërisë sonë! Le të ketë pushtet mbi peshqit e detit, mbi zogjtë e qiellit, mbi bagëtinë, mbi të gjitha kafshët e egra dhe mbi të gjitha rrëshqanorët që zvarriten mbi tokë. (Gjeneza 1,26)

Në imazhin tonë! Do të zbuloni se ngjashmëria është e habitshme.

Dhe këtu filluan problemet për ne. Skuadra që ishte në vendin që ju tani e quani Izrael dhe që në atë kohë ishte jo shumë larg Greqisë dhe Turqisë në një kontinent të vetëm, ishte një nga më të ndriturit, në mos më të ndriturit. Kafshët e tij ishin më të bukurat dhe bimët e tij më aromatike. Ishte ajo që ju e quani parajsë në tokë. Dhe njeriu që u krijua në të ishte më inteligjenti. Si rrjedhim, ata duhej të merrnin masa që e krijuara të mos e kalonte krijuesin. Ishte e nevojshme ta kufizonin në injorancën e sekreteve të mëdha shkencore, duke e edukuar për të matur inteligjencën e tij.

Mund të hani nga të gjitha pemët e kopshtit, por nuk do të hani nga pema e njohjes së së mirës dhe së keqes, sepse ditën që do të hani prej saj, do të vdisni. (Gjeneza 2,16-17)

Kjo do të thotë: ju mund të mësoni gjithçka që dëshironi, lexoni të gjithë librat që kemi këtu në dispozicionin tuaj, por mos i prekni librat shkencorë përndryshe do të vdisni.

Ai i çoi kafshët te njeriu për të parë se si do t'i quante. (Gjeneza, 2,19)

Ishte e nevojshme që ai të njihte mirë bimët dhe kafshët që e rrethonin, mënyrën e tyre të jetesës dhe mjetet për të siguruar ushqim falë tyre. Krijuesit i mësuan emrat dhe vetitë e gjithçkaje që jetonte rreth tij, botanikën dhe zoologjinë, sepse kjo nuk përbënte rrezik për ta.
Imagjinoni gëzimin e këtij ekipi shkencëtarësh me dy fëmijë nën këmbë, një djalë dhe një vajzë, të cilëve u mësuan të gjitha llojet e gjërave për të cilat ishin të pangopur.

Tani gjarpri (...) i tha gruas (...) nga fruti i pemës që është në mes të kopshtit (...) ti nuk do të vdesësh, por Elohim e di se ditën që do ta hash. , sytë tuaj do të hapen dhe do të jeni si perëndi. (Gjeneza 3,1-5)

Nga të gjithë të urtët në këtë ekip, dikush që i donte thellësisht njerëzit e tyre të vegjël, "krijesat" e tyre, donte t'u jepte këtyre fëmijëve një edukim të plotë dhe t'i bënte të urtë si ata. Këtyre të rinjve, tashmë pothuajse të rritur, u thanë se mund të bënin studime shkencore dhe se do të bëheshin po aq të aftë sa krijuesit e tyre.

Atëherë u hapën sytë, të dyve dhe e kuptuan se ishin lakuriq. (Gjeneza 3,7)

Atëherë ata e kuptuan se edhe ata mund të bëheshin krijues, dhe ia vunë veshin baballarëve të tyre se i kishin penguar të vizatonin në libra shkencorë, duke i konsideruar kështu kafshë laboratorike të rrezikshme.

Jahvé Elohim i tha gjarprit: (...) mallkuar qofsh (...) në bark do të ecësh dhe do të hash pluhur për të gjitha ditët e jetës tënde! (Gjeneza 3,14)

"Gjarpri", grupi i vogël i krijuesve që kishin dashur t'i zbulonin të vërtetën Adamit dhe Evës, u dënua të jetonte në mërgim në Tokë nga qeveria e planetit të tyre të origjinës, ndërsa krijuesit e tjerë duhej të ndalonin eksperimentet e tyre dhe të largoheshin. Toka.

Elohim bëri tunika prej lëkure për burrin dhe gruan e tij dhe i veshi.
(Gjeneza 3,21)

Krijuesit u dhanë atyre mjete rudimentare për të mbijetuar, për t'u marrë me veten pa qenë në kontakt me ta. Bibla, në këtë pikë, ka ruajtur pothuajse të paprekur një fjali të dokumentit origjinal.

Këtu njeriu është bërë si njëri prej nesh, falë shkencës (...) Tani duhet të shmangim që ai të shtrijë dorën dhe gjithashtu të marrë nga pema e jetës, ta hajë atë dhe të jetojë përgjithmonë. (Gjeneza 3,22)

Jeta e njerëzve është shumë e shkurtër dhe ekziston një metodë shkencore për ta zgjatur shumë atë. Një dijetar që studion gjithë jetën e tij fillon të zotërojë njohuri të mjaftueshme për të bërë zbulime interesante kur të plaket. Kjo është arsyeja e ngadalësimit të përparimit njerëzor. Nëse njerëzit mund të jetonin dhjetë herë më gjatë, ata do të bënin një kërcim gjigant shkencor. Nëse do të kishin mundur të jetonin kaq gjatë që në fillim, do të kishin ardhur shumë shpejt të ishin të barabartë me ne, sepse aftësitë e tyre janë pak më të larta se tonat. Ata injorojnë mundësitë e tyre. Mbi të gjitha populli i Izraelit që me rastin e një prej atyre garave që ju përmenda më herët, u zgjodhën nga juria shkencore si tipi humanoid tokësor më i suksesshëm për nga inteligjenca dhe gjenialiteti. Kjo shpjegon pse këta njerëz e kanë konsideruar veten gjithmonë si popullin e zgjedhur të Zotit.Vërtet, ata ishin njerëzit e zgjedhur të ekipeve të krijuesve të mbledhur për të gjykuar punën e tyre. Ju gjithashtu keni qenë në gjendje të përcaktoni numrin e gjeneve që ka gjeneruar kjo racë.

Ai e dëboi njeriun dhe vendosi në lindje të kopshtit të Edenit kerubinët dhe flakën e shpatës së rrufesë, për të ruajtur rrugën drejt pemës së jetës.
(Gjeneza 3,24)

Ushtarët, të pajisur me armë atomike shpërbërëse, u vendosën në hyrje të rezidencës së krijuesve, për të mos lejuar që njeriu të vidhte njohuri të tjera shkencore.

LIBRI QË TREGON TË VËRTETËN

Permbytje

Po të kërcejmë më tej, te Gjeneza 4: Ndodhi (...) që Kaini i solli frytet e tokës Jahvé. Abeli, nga ana e tij, solli të parëlindurin e tufës së tij të vogël. (Gjeneza 4,3-4)
Krijuesit e mërguar, të cilët mbetën nën mbikëqyrjen ushtarake, i nxitën burrat t'u sillnin ushqim për t'u demonstruar eprorëve të tyre se qeniet që kishin krijuar ishin të mira dhe nuk do të ktheheshin kurrë kundër baballarëve të tyre.
Në këtë mënyrë, ata arritën që udhëheqësit e këtyre njerëzve të parë të përfitonin nga pema e jetës. Kjo shpjegon pse ata jetuan kaq gjatë: Adami nëntëqind e tridhjetë vjet, Sethi nëntëqind e dymbëdhjetë vjet, Enoku nëntëqind e pesë vjet, etj. (në Gjeneza 5,1-11)

Kur njerëzit filluan të shumohen në sipërfaqen e tokës dhe atyre u lindën vajza, ndodhi që bijtë e Elohim panë që bijat e njerëzve ishin të bukura. Kështu ata morën për vete disa gra nga të gjitha ato që kishin zgjedhur. (Gjeneza 6,1-2)
Krijuesit në mërgim morën vajzat e tyre më të bukura nga burrat dhe i bënë bashkëshortet e tyre.

Fryma ime nuk do të mbetet përjetë te njeriu, sepse është ende mish. Ditët e tij do të jenë njëqind e njëzet vjet. (Gjeneza 6,3)
Jetëgjatësia nuk është e trashëgueshme dhe fëmijët e njerëzve nuk përfituan automatikisht nga pema e jetës, për lehtësimin e madh të autoriteteve në planetin e largët. Kështu sekreti humbi dhe përparimi i qenieve njerëzore u ngadalësua.

(...) bijtë e Elohimit iu afruan vajzave të njerëzve dhe atyre u lindën fëmijë. Këta ishin heronjtë e famshëm të antikitetit. (Gjeneza 6,4)
Këtu keni prova që krijuesit mund të çiftëzoheshin me vajzat e njerëzve që ata krijuan sipas imazhit të tyre dhe të kishin djem të jashtëzakonshëm me to. E gjithë kjo po bëhej e rrezikshme

në sytë e planetit të largët. Përparimi shkencor në Tokë ishte i madh dhe ata vendosën të shtypnin krijimin e tyre.

Jehovai pa që ligësia e njeriut në tokë ishte e madhe dhe se në zemrën e tij, objekti i mendimeve të tij nuk ishte gjë tjetër veçse e keqja. (Gjeneza 6,5)

E keqja, përkatësisht dëshira për t'u bërë një popull i barabartë me krijuesit e tij, një popull shkencor dhe i pavarur. E mira, për ta, ishte se njeriu mbeti një qenie primitive dhe se ai vegjetoi në Tokë. E keqja ishte se donte të përparonte, me rrezikun që një ditë të mund të barazohej me krijuesit e saj. Prandaj, ata vendosën, nga planeti i tyre i largët, të shkatërronin të gjithë jetën në Tokë duke dërguar raketa bërthamore. Por të mërguarit, të paralajmëruar për këtë gjë, i kërkuan Noeut të ndërtonte një raketë që supozohej të rrotullohej rreth Tokës gjatë kataklizmës dhe të përmbante disa nga çdo specie për t'u mbrojtur. Ky është një imazh. Në realitet, dhe njohuritë tuaja shkencore së shpejti do t'ju lejojnë ta kuptoni atë, mjafton të keni një qelizë të gjallë të çdo specie, mashkull dhe femër, për të rindërtuar më pas të gjithë qenien. Është e njëjta gjë që ndodh në barkun e nënës, ku qeliza e parë e gjallë e një qenieje ka tashmë të gjithë informacionin për ta bërë atë një ditë burrë, deri në ngjyrën e syve apo të flokëve. Ishte një punë kolosale, por u përfundua në kohë. Kur ndodhi shpërthimi, jeta ishte ruajtur disa mijëra kilometra mbi Tokë. Kontinenti u zhyt nga një valë e madhe baticore që shkatërroi të gjithë jetën në sipërfaqen e tij.

(...) arka (...) u ngrit mbi tokë. (Gjeneza 7,17)

E shihni sa qartë thuhet se arka u ngrit mbi tokë dhe jo mbi ujëra. Atëherë ishte e nevojshme të pritej derisa të mos kishte rikthime më të rrezikshme.

(...) ujërat u frynë mbi tokë për njëqind e pesëdhjetë ditë. (Gjeneza 7,24)

Dhe raketa trekatëshe ("do ta rregulloni në kate, e poshtme, e dyta dhe e treta") u ul në tokë. Brenda, përveç Noeut, kishte nja dy nga çdo racë njerëzore.

Elohim iu kujtua Noeut (...) (dhe) bëri që një erë të kalojë mbi tokë dhe ujërat u qetësuan. (Gjeneza 8,1)

Pasi kontrolluan radioaktivitetin dhe e zhdukën atë shkencërisht, krijuesit i kërkuan Noahut të lëshonte disa kafshë për të parë nëse mund ta toleronin atmosferën dhe kjo ishte e suksesshme. Më pas ata mundën të dilnin në ajër të hapur. Krijuesit i kërkuan të punonin dhe të shumoheshin, për të treguar mirënjohjen e tyre ndaj bamirësve të tyre që i kishin krijuar dhe i shpëtuan nga shkatërrimi. Noeu u zotua t'u paguante krijuesve, për jetesën e tyre, një pjesë të të gjitha të korrave ose bagëtisë.

Noeu ndërtoi një altar për Jehovain, mori lloj-lloj kafshësh të pastra dhe lloj-lloj zogjsh të pastër dhe ofroi olokauste mbi altar. (Gjeneza 8,20)

Krijuesit ishin të lumtur kur panë se qeniet njerëzore i donin dhe premtuan se kurrë më në të ardhmen nuk do të përpiqeshin t'i shkatërronin. Ata e kuptuan se sa normale ishte që donin të bënin përparim.

(...) objekti i zemrës së njeriut është e keqja. (Gjeneza 8,21)

Qëllimi i njeriut është përparimi shkencor. Çdo racë njerëzore u kthye në vendin e saj të krijimit dhe çdo kafshë u rikrijua nga qelitë e ruajtura në arkë.

Dhe prej tyre ata i shpërndanë kombet në tokë pas përmbytjes. (Jeneza 10,32)

Kulla e Babelit

Por njerëzit më inteligjentë, populli i Izraelit, bënë një përparim të tillë, saqë shpejt filluan të hidheshin në hapësirë, të ndihmuar nga krijuesit e mërguar. Këta të fundit donin që njerëzit të shkonin në planetin e krijuesve për të marrë faljen e tyre, duke dëshmuar se ishin edhe inteligjentë e shkencëtarë, por edhe mirënjohës dhe paqësorë. Kështu ata ndërtuan një raketë të madhe: Kullën e Babelit.

Nëse ata fillojnë ta bëjnë këtë, deri më tani asgjë nuk do të jetë e pamundur për ta në gjithçka që ata vendosin të bëjnë. (Gjeneza 11,6)

Njerëzit e planetit kishin frikë të mësonin për të. Ata ende po shikonin Tokën dhe e kuptuan se jeta nuk ishte shkatërruar.

Ne zbresim dhe (...) ua ngatërrojmë gjuhën, që të mos kuptojnë më gjuhën e njëri-tjetrit. Dhe Jahvé i shpërndau që andej në sipërfaqen e gjithë Tokës (...). (Gjeneza 11,7-8)

Ata erdhën, morën hebrenjtë që kishin më shumë njohuri shkencore dhe i shpërndanë në të gjitha kontinentet, midis fiseve primitive dhe në vende ku ishte e pamundur të kuptohej, sepse gjuha ishte ndryshe. Më pas ata shkatërruan pajisjet e tyre shkencore.

Sodoma dhe Gomorra

Krijuesit e mërguar u falen dhe iu dha e drejta për t'u kthyer në planetin e tyre të lindjes, ku ata mbrojtën kauzën e krijimit të tyre madhështor. Kjo do të thoshte se e gjithë popullsia e këtij planeti të largët filloi të vëzhgonte me vëmendje Tokën, e cila mbante qeniet e krijuara prej saj. Por disa nga njerëzit që ishin shpërndarë, kishin etje për hakmarrje; ata u mblodhën, arritën të ruanin disa sekrete shkencore dhe, në qytetet e Sodomës dhe Gomorrës, përgatitën një ekspeditë për të ndëshkuar ata që donin t'i shkatërronin. Krijuesit dërguan dy spiunë për të parë se çfarë po përgatitej.

Dy engjëjt arritën në Sodomë në mbrëmje. (Gjeneza 19,1)

Dy burra u përpoqën t'i vrisnin, por ata i verbuan me një armë atomike xhepi.
Sa për burrat që ishin te dera e shtëpisë, ata i goditën me një shkëlqim verbues nga më i vogli tek më i madhi. (Gjeneza 19,11)

Ata paralajmëruan njerëzit paqësorë që të braktisnin këtë qytet të cilin do ta shkatërronin me një shpërthim atomik.

(...) dilni nga ky vend, sepse Jahvé është gati të shkatërrojë qytetin! (Gjeneza 19.14)
Ndërsa dolën jashtë qytetit, burrat nuk nxituan, sepse nuk e kuptonin se çfarë përfaqësonte një shpërthim atomik.

Ruaje veten, (...) mos shiko prapa dhe mos u ndal. (Gjeneza19,17)
Dhe bomba ra në Sodomë dhe Gomorë.

Jahvé ra shi (...) squfur dhe zjarr nga Jahvé, nga qielli. Ai shkatërroi këto qytete (...) dhe bimësinë e tokës. Gruaja e Lotit shikoi prapa dhe u bë një shtyllë kripe. (Gjeneza 19,24-26)
Siç e dini tani, djegia nga një shpërthim atomik vret ata që ndodhen në afërsi, duke i bërë ata të duken si një shtyllë kripe.

Sakrifica e Abrahamit

Pak kohë më vonë, krijuesit donin të shihnin nëse populli i Izraelit, dhe veçanërisht lideri i tyre, kishte ende ndjenja të mira ndaj tyre, në gjendjen gjysmë primitive në të cilën ai kishte rënë, pasi ishte privuar nga mendjet e tij më të shkëlqyera. Kjo është ajo që tregon paragrafi në të cilin Abrahami dëshiron të sakrifikojë djalin e tij. Krijuesit e testuan atë për të parë nëse ndjenjat e tij për ta ishin mjaft të forta. Për fat të mirë, përvoja ishte e suksesshme.

Mos e shtrini dorën mbi djalin dhe mos i bëni asnjë të keqe, sepse tani e di se keni frikë nga Elohim (...) (Gjeneza 22,12)

Ja, asimilojeni dhe shkruani ato që sapo ju thashë. Unë do t'ju tregoj më shumë nesër."

LIBRI QË TREGON TË VËRTETËN

Burri i vogël u largua edhe një herë nga unë dhe avioni u ngrit ngadalë. Por, ndërsa qielli ishte më i pastër, unë munda të dëshmoja plotësisht ngritjen e tij.
Ai ngriu në një lartësi prej rreth katërqind metrash dhe, përsëri pa asnjë zhurmë, u bë e kuqe flaktë. Pastaj u bë e bardhë si një metal i ndezur në një temperaturë shumë të lartë dhe, menjëherë më pas, blu-vjollcë si një shkëndijë e madhe e pamundur për t'u parë. Më në fund u zhduk fare.

Rael, fotografuar në mesin e viteve shtatëdhjetë, në vendin e takimit të parë në Puy de Lassolas, me rrobat që kishte veshur më 13 dhjetor 1973.

Kapitulli III

Mbikëqyrja e të zgjedhurve

Moisiu
Trupat e Jerikos
Samsoni telepatik
Rezidenca e parë për të mirëpritur të dërguarin
Elohim Elia
Shumëzimi i bukëve
Disqet fluturuese të Ezekielit
Gjykimi përfundimtar
Satanai
Burrat nuk mund ta kuptonin

Moisiu

Të nesërmen, gjeta bashkëbiseduesin tim dhe ai vazhdoi historinë e tij:

Tek Gjeneza 28, gjejmë një përshkrim tjetër të pranisë sonë.

Një shkallë qëndronte në tokë dhe maja e saj preku qiellin, dhe ja, engjëjt e Elohim u ngjitën dhe zbritën mbi të. (Gjeneza 28,12)

Por qeniet njerëzore, pasi ranë përsëri në një gjendje shumë primitive pas asgjësimit të më inteligjentëve dhe shkatërrimit të qendrave të përparimit si Sodoma dhe Gomorra, filluan me marrëzi të adhuronin copa guri, idhuj, duke harruar se kush i kishte krijuar ato.

Hiqni perënditë e huaja që janë mes jush (...). (Gjeneza 35,2)

Në Eksodi, ne i shfaqemi Moisiut:
Engjëlli i Jahves iu shfaq në flakë zjarri, në mes të një kaçube (...) shkurre digjej në zjarr, por ajo shkurre nuk u konsumua! (Eksodi 3.2)

Një nga avionët tanë u ul përpara tij dhe përshkrimi që ai bën për të korrespondon me atë që do të bënte sot një primitiv brazilian nëse do të zbarkonim pranë tij me këtë avion, drita e bardhë e të cilit ndriçon pemët pa i shkaktuar, megjithatë, djegien e tyre. Njerëzve të zgjedhur si njerëzit më inteligjentë u ishte prerë koka nga mendjet e tyre më të shkëlqyera dhe ishin bërë skllevër të popujve primitivë fqinjë që ishin shumë më të shumtë, sepse nuk kishin pësuar shkatërrime të mëdha. Prandaj ishte e nevojshme t'i kthehej dinjiteti këtij populli, duke i kthyer atij vendin e tij.

Në fillim, Eksodi përshkruan gjithçka që duhej të bënim që populli i Izraelit të çlirohej. Kur u larguan, ne i çuam në territorin që u kishim caktuar.

Tani Jahves po marshonte në krye të tyre, ditën me një kolonë reje për t'i udhëhequr në rrugën përpara, dhe natën me një shtyllë zjarri për t'u dhënë atyre dritë që të mund të ecin ditë e natë. (Eksodi 13:21)

Për të ngadalësuar marshimin e egjiptianëve në ndjekje:
Kolona e reve u zhvendos nga përpara dhe kaloi pas tyre (...). Reja për disa ishte errësirë, ndërsa për të tjerët ndriçonte natën. (Eksodi 14,19-20)

Mjegulla e dendur e lëshuar pas popullit të Izraelit krijoi një batanije që ngadalësoi ndjekësit.
Më pas, kalimi i ujërave arrihet falë një rrezeje të neveritshme e cila lejon hapjen e një kalimi.

*(...) kështu thahet deti dhe ndahen ujërat. (Eksodi 14:21)
Atë ditë Jehovai e shpëtoi Izraelin (...) (Eksodi 14:30)*

Më pas, gjatë kalimit të shkretëtirës, uria u ndje në mes njerëzit e zgjedhur:
(...) në sipërfaqen e shkretëtirës kishte një shtresë të hollë (...). (Eksodi 16:14)
Mana ishte vetëm një ushqim kimik sintetik i pluhurosur në sipërfaqen e tokës dhe që vesa e mëngjesit e bëri të fryhej.

Sa i përket shkopit të Moisiut, i cili e lejoi atë të "bënte ujë të rrjedhë" (Eksodi 17,6), ai nuk ishte gjë tjetër veçse një detektor i akuiferëve nëntokësorë të ngjashëm, për shembull, me ata që përdorni sot për të zbuluar fusha nafte. Pasi të gjeni ujin, thjesht gërmoni.

Më vonë, në kapitullin 19 të Eksodit, jepen një sërë rregullash. Populli i Izraelit, duke pasur parasysh nivelin e tij primitiv, kishte nevojë për ligje në nivelin moral dhe mbi të gjitha në nivelin higjienik. Këto rregulla përmbaheshin në urdhërimet. Krijuesit erdhën për t'i diktuar këto ligje Moisiut në malin Sinai. Ata zbritën në një makinë fluturuese.

(...) pati bubullima dhe vetëtima, një re e dendur mbi mal dhe një zhurmë shumë e fortë borie (...). (Eksodi 19.16)

LIBRI QË TREGON TË VËRTETËN

Mali i Sinait ishte i gjithi në tym, sepse Jahve kishte zbritur mbi të në zjarr dhe tymi i tij ngrihej si tymi i një furre; tërë mali dridhej fort. Tingulli i borisë po bëhej gjithnjë e më i fortë (...). (Eksodi 19,18-19)

Por krijuesit kishin frikë se mos pushtoheshin apo abuzoheshin nga njerëzit. Ishte e nevojshme që ata të respektoheshin, madje të nderoheshin, për të mos qenë në rrezik.

Populli nuk do të mund të ngjitet në malin Sinai (...) që priftërinjtë dhe populli të mos nxitojnë të ngjiten në Jahvé, nga frika se ai do t'i rrëzojë. (Eksodi 19,23-24)
Moisiu do të përparojë i vetëm drejt Jahvé, por pleqtë e Izraelit nuk do të përparojnë dhe populli nuk do të ngjitet me të! (Eksodi 24.2)

Ata panë Perëndinë e Izraelit, nën këmbët e tij ishte si një trotuar me pllaka safiri, të barabartë në pastërti me thelbin e qiejve. (Eksodi 24.10)

Gjeni këtu një përshkrim të piedestalit mbi të cilin u shfaq njëri nga krijuesit dhe i cili ishte i ndërtuar nga e njëjta aliazh kaltërosh si dyshemeja e artizanatit në të cilin qëndrojmë aktualisht.

(...) shfaqja e lavdisë së Jahvé ishte si një zjarr që gllabëronte në majë të malit (...). (Eksodi 24:17)

Ky është përkundrazi përshkrimi i "lavdisë", në realitet i pajisjes fluturuese të krijuesve, e cila, siç e keni vënë re, në momentin e nisjes merr një ngjyrë të ngjashme me atë të zjarrit.

Ky ekip krijuesish do ta bënte shtëpinë e tyre në Tokë për ca kohë dhe po kërkonin ushqim të freskët. Kjo është arsyeja pse ai kërkoi që populli i Izraelit t'i sillte rregullisht, si dhe pasuri që më pas do t'i merrnin me vete në planetin e tyre. Ishte pak si kolonizim, nëse do.

Nga çdo njeri (...) do të marrësh një kontribut për mua (...), ar, argjend e bakër, gurë (të çmuar) etj. (Eksodi 25,2-7)

Ata gjithashtu kishin vendosur të vendoseshin në një mënyrë më të rehatshme dhe u kërkuan njerëzve që të ndërtonin një vendbanim për ta pas një projekti specifik. Është ajo që diktohet në

LIBRI QË TREGON TË VËRTETËN

kapitulli 26 i Eksodit. Në këtë rezidencë ata duhej të takonin përfaqësuesit e qenieve njerëzore: ishte çadra e takimit, ku burrat sillnin ushqime dhe dhurata si peng nënshtrimi.

Ai do të hynte në çadrën e mbledhjes.
Kur Moisiu hyri në tendë, kolona e reve zbriti dhe mbeti në hyrje të çadrës.
Pastaj foli me Moisiun. (Eksodi, 33.9)

Pastaj Jahve i foli Moisiut ballë për ballë, ashtu si një njeri i flet një tjetri...
(Eksodi 33:11)
Si sot unë mund të flas me të dhe ajo mund të flasë me mua, burrë me burrë.

Ju nuk mund ta shihni fytyrën time sepse njeriu nuk mund të më shohë dhe të jetojë! (Eksodi 33.20)
Gjeni këtu një aludim për ndryshimin në atmosferë që ekziston midis planetëve tanë. Një njeri nuk mund t'i shohë krijuesit e tij nëse nuk mbrohen nga një kostum zhytjeje, pasi atmosfera e tokës nuk u përshtatet atyre. Nëse një qenie njerëzore do të vinte në planetin tonë, ai do t'i shihte krijuesit e tij pa një kostum zhytjeje, por do të vdiste sepse atmosfera nuk i përshtatet atij.

I gjithë fillimi i Leviticus shpjegon se si duhej të silleshin ushqimet që u ofroheshin krijuesve për furnizimin e tyre. Për shembull në 21.17-18:
Sepse asnjë njeri që ka ndonjë njollë në të nuk do të afrohet për të ofruar ushqimin e Perëndisë së tij.

Kjo, me sa duket, për të parandaluar që njerëzit e sëmurë ose të deformuar, simbol dështimi dhe i padurueshëm në sytë e krijuesve, të mos shfaqen para tyre.

Në Numrat 11,7-8, ju keni përshkrimin e saktë të manës, të cilën kimistët tuaj mund ta rindërtonin.
Mana ishte si fara e koriandrit dhe pamja e saj si ajo e rrëshirës aromatike (...) shija e saj ishte si ajo e një ëmbëlsirë vaji.
Por kjo mana nuk ishte gjë tjetër veçse një lëndë ushqyese kimike, ndaj së cilës krijuesit preferonin perimet dhe frutat e freskëta.

LIBRI QË TREGON TË VËRTETËN

Frytet e para të gjithçkaje që do të ketë në vendin e tyre dhe që do t'i sjellin Jahvë. (Numrat 18,13)
Më tej, krijuesit i mësojnë burrat të marrin pickime kundër kafshimit të gjarpërinjve.

Bëji vetes një gjarpër të zjarrtë dhe vendose në një shtyllë: kush pasi të kafshohet do ta shikojë, ai do të jetojë! (Numrat 21.8)
Kur një burrë kafshohej, ai "shikonte" "gjarpërin e bronztë", iu afrua një shiringë dhe iu dha një shpim serumi.

Më në fund vjen fundi i rrugëtimit që çon "njerëzit e zgjedhur" në tokën e premtuar. Ata shkatërrojnë, me këshillën e krijuesve, idhujt e fiseve primitive dhe pushtojnë territoret e tyre.

Ju do të shkatërroni të gjitha statujat e tyre prej metali të shkrirë (...) do të merrni në zotërim vendin. (Numrat 33,52-53)

Njerëzit e zgjedhur më në fund patën tokën e tyre të premtuar:
Duke qenë se ai i donte etërit tuaj, ai zgjodhi racën e tyre pas tyre (...) (Ligji i Përtërirë 4:37)

Për kalimin e Jordanit, në Joshua 3,15-16:
(...) sapo mbërritën bartësit e arkës (...) ujërat që rridhnin nga lart u ndalën dhe u mblodhën në një bllok të vetëm në një distancë të madhe (...) ujërat u ndërprenë plotësisht dhe njerëzit përmes (...).

Krijuesit bënë që "njerëzit e zgjedhur" të kalonin në tokë të thatë, si gjatë fluturimit nga egjiptianët, duke përdorur të njëjtën rreze refuzuese.

Trupat e Jerikos

Në fund të Joshua 5, ka një përshkrim të një kontakti midis një krijuesi ushtarak dhe popullit të zgjedhur, në vështirësi për t'u përballur me rezistencën e një qyteti: Jerikos.

LIBRI QË TREGON TË VËRTETËN

... Unë jam udhëheqësi i ushtrisë së Jahvé, po vij tani! (Jozueu, 5,14)

Për rrethimin e Jerikos, një këshilltar ushtarak i dërgohet popullit hebre. Do ta kuptoni shumë lehtë se si u shembën muret. E dini që një këngëtar me zë shumë të lartë mund të thyejë një gotë kristali. Epo, duke përdorur ultratinguj shumë të përforcuar, ne mund të rrëzojmë çdo mur betoni. Kjo është ajo që ndodhi falë një instrumenti shumë kompleks që Bibla e quan "trumpetë".

Kur i bie borisë së dashit, sapo të dëgjosh zhurmën e borisë (...) do të bien muret e qytetit. (Jozueu 6,5)
Në një moment të saktë, ultrazërit lëshohen në mënyrë të sinkronizuar dhe muret shemben.

Më vonë, ndodh një bombardim i vërtetë:
Jahvé i hodhi gurë të mëdhenj nga qielli (...) Ata që vdiqën nga gurët e breshërit ishin më shumë se ata që kishin vrarë bijtë e Izraelit me shpatë. (Jozueu 10,11)

Ishte një bombardim i plotë, i cili vrau më shumë njerëz sesa armët me tehe të popullit të Izraelit.

Një nga pasazhet më të shtrembëruara është ai në të cilin thuhet, përsëri te Jozueu 10:13:
Dielli u ndal dhe hëna u ndal, derisa kombi u hakmor ndaj armiqve të tij.

Që do të thotë thjesht se lufta ishte një blitzkrieg që zgjati vetëm një ditë, pasi më vonë thuhet se zgjati "pothuajse një ditë të plotë". Kjo luftë ishte aq e shkurtër, në lidhje me rëndësinë e territorit të pushtuar, sa njerëzit duhej të besonin se dielli kishte pushuar...

Në Gjyqtarët 6, një nga krijuesit gjendet ende në kontakt me një burrë të quajtur Gideon dhe i cili i jep ushqim.

(...) engjëlli i Jahvé zgjati majën e kallamit në dorë dhe preku mishin dhe ëmbëlsirat pa maja. Atëherë një zjarr doli nga shkëmbi dhe përpiu mishin dhe kuleçët pa maja; pastaj engjëlli i Jahvé u zhduk (...). (Gjyqtarët 6,21)

LIBRI QË TREGON TË VËRTETËN

Falë një teknologjie të veçantë, krijuesit, të cilët nuk mund të "hanë" në ajër të hapur për shkak të kostumeve të zhytjes, në rast nevoje mund të përdorin "oferta" të ndryshme për të nxjerrë elementët thelbësorë përmes një tubi fleksibël, një "kanna"., dhe për këtë arsye të jenë në gjendje të ushqehen vetë. Ky operacion lëshon flakë që i bëjnë njerëzit e kësaj epoke të besojnë se janë "sakrifica për Zotin".

Në Gjyqtarët 7, treqind burra rrethojnë një kamp armik dhe të gjithë së bashku u binin "borive" për t'i çmendur njerëzit e fushuar. Në realitet ata përdorin instrumente që lëshojnë ultratinguj shumë të përforcuar. Sot e dini se disa tinguj, të çuar në ekstreme, mund të çmendin çdo njeri. Në të vërtetë, njerëzit e rrethuar çmenden, ushtarët vrasin njëri-tjetrin dhe ikin.

Samsoni telepatik

Sa i përket çifteve midis krijuesve të burrave dhe grave, ju keni një shembull tjetër në Gjyqtarët 13:
Engjëlli i Jahve iu shfaq gruas dhe i tha: "ja, ti je shterpë (...) por do të mbetesh shtatzënë dhe do të lindësh një djalë". (Gjyqtarët 13,3)

Ishte e nevojshme që fryti i këtij bashkimi të ishte i shëndetshëm për të vëzhguar sjelljen e saj, për këtë ai i tha asaj:
Kini kujdes të mos pini verë dhe pije dehëse, (...) se këtu (...) do të lindni një djalë. Asnjë brisk nuk do të kalojë mbi kokën e tij, sepse fëmija do t'i shenjtërohet Zotit që në barkun e nënës. (Gjyqtarët 13,4-5)

(...) engjëlli i Elohim erdhi ende te gruaja, ndërsa (...) burri i saj nuk ishte me të. (Gjyqtarët 13,9)

Mund ta imagjinoni lehtësisht se çfarë mund të kishte ndodhur në mungesë të burrit të saj... Ishte e lehtë për shkencëtarët të shtypnin sterilitetin e kësaj gruaje, në mënyrë që ajo të kuptonte plotësisht se ishte gati të lindte një qenie të jashtëzakonshme nga e cila duhej të merrte kujdes maksimal. Për krijuesit, fakti i çiftëzimit me një vajzë burrash ishte madhështore.

LIBRI QË TREGON TË VËRTETËN

I lejoi ata të kishin fëmijë që mbretëronin drejtpërdrejt në Tokë, në këtë atmosferë që nuk u shkonte atyre.

Sa i përket mos rruajtjes së flokëve, kjo është shumë e rëndësishme. Truri i njeriut është si një transmetues i madh, i aftë për të dërguar dhe marrë një mori valësh dhe mendimesh shumë të qarta. Telepatia, në fakt, nuk është asgjë më shumë se kaq. Por ky lloj transmetuesi ka nevojë për antena. Antenat janë flokët dhe mjekra. Prandaj rëndësia e mos rruajtjes së sistemit të flokëve të një qenieje që do të duhet ta përdorë atë. Ju me siguri keni vënë re se shumë nga të urtët tuaj kishin flokë shumë të gjatë dhe, shpesh, mjekër, siç kishin profetët dhe të urtët. Tani mund ta kuptoni më mirë pse.

Ky fëmijë lindi: ishte Samsoni, historinë e të cilit e dini. Ai mund të komunikonte drejtpërdrejt me "Zotin", në mënyrë telepatike, falë "antenave" të tij natyrore: flokëve të tij. Kështu, krijuesit mund të vinin për ta ndihmuar në momente të vështira ose për të kryer mrekulli që do të përforconin autoritetin e tij. Por kur Delila preu flokët, ai nuk mundi më të thërriste për ndihmë dhe u verbua nga armiqtë e tij. Megjithatë, kur iu rritën flokët, ai rifitoi "forcën" e tij, d.m.th. mundi të kërkonte ndihmë nga krijuesit që rrëzuan tempullin, kolonat e të cilit ai kishte prekur. Ky fakt i është atribuar "forcës" së Samsonit.

Në librin e parë të Samuelit, në kapitullin 3, ju keni një fillim të vërtetë në telepati nga Elia mbi Samuelin: krijuesit përpiqen të hyjnë në një marrëdhënie me Samuelin dhe ky i fundit beson se është Elia që i flet atij. Ai "dëgjon zëra":
Shkoni të flini dhe, nëse ju thërrasin, do të thoni: Jahvé flet, sepse shërbëtori yt po të dëgjon. (1 Samuelit 3:9)

Si të ishin radioamatorë, njëri prej të cilëve tha: fol, të dëgjoj pesë nga pesë. Dhe biseda telepatike fillon:

Samuel, Samuel!
(...) Fol, sepse shërbëtori yt dëgjon. (1 Samuelit 3:10)
Në episodin e Davidit kundër Goliathit, ka një tjetër fjali të shkurtër shumë interesante:

Kush (...) fyen trupat e Zotit të gjallë? (1 Samuelit 17:26)
Që tregon mirë realitetin e pranisë, në këtë epokë, të një "Zoti" mjaft i prekshëm.

Telepatia si një mjet komunikimi midis krijuesve dhe njerëzve ishte e mundur vetëm kur Elohimët ishin në afërsi të Tokës.

Kur ata ishin në planetin e tyre të largët ose gjetkë, ata nuk mund të komunikonin me këtë mjet. Për këtë arsye ata vendosën një transmetues-marrës, të pajisur me qelizën e vet atomike, e cila u transportua në Arkën e Zotit.Prandaj në librin e parë të Samuelit, në kapitullin 5, vargjet 1-5, kur filistinët vodhën arkën e Zot, ndodhi që idhulli i tyre, Dagon, u shtri me fytyrë përtokë përpara Arkës së Jahvé pas një goditjeje elektrike të shkaktuar nga keqpërdorimi. Nga ana tjetër, rrezatimi i rrezikshëm i emetuar nga elementët radioaktivë bëri që ato të digjen vetë.

I goditi me bubo (1 Samuelit 5:6)
Edhe hebrenjtë që nuk morën masa paraprake në duke manipuluar Arkën e Zotit u ndikuan:
Uza e zgjati (dorën) drejt Arkës së Zotit të cilën e mbajti sepse qetë e bënte të përkulej. Zemërimi i Jahves u ndez kundër Uzza-s dhe Elohim e goditi për gabimin e tij: ai vdiq në vend, pranë Arkës së Perëndisë. (2 Samuelit 6,6-7)

Arka kishte rrezikuar të përmbysej dhe Uzza, duke u përpjekur ta mbështeste, kishte prekur një pjesë të rrezikshme të pajisjes. Ai u godit nga rrufeja.
Në I Mbretërve, thuhet vazhdimisht:
Ai kapi brirët e Altarit (I Mbretërve 1,50; I Mbretërve 2,28...)

Në fakt është përshkrimi i mënyrës se si u manipuluan levat dërgues-marrës për të tentuar të lidheshin me krijuesit.

LIBRI QË TREGON TË VËRTETËN

Rezidenca e parë për të mirëpritur Elohim

Mbreti i madh Solomon kishte një rezidencë luksoze të ndërtuar në Tokë për të mirëpritur krijuesit kur ata vinin për ta vizituar.

Jahveh tha se ai banon në një re. Kështu që unë me të vërtetë kam ndërtuar një shtëpi për banesën tuaj. (1 Mbretërve 8,12-13)

Lavdia e Jehovait kishte mbushur banesën e Jehovait. (1 Mbretërve 8:11)

Reja mbushi banesën e Jehovait. (1 Mbretërve 8,10)

Unë do të banoj midis bijve të Izraelit. (1 Mbretërve 6:13)

Ai banon në një re, domethënë në një aparat në orbitë rreth Tokës, mbi retë... përpiquni t'i bëni primitivet ta kuptojnë këtë.

(...) me urdhër të Jahvé, një njeri i Perëndisë shkoi nga Juda në Bethel (...) ai tha (...) ja, altari do të thyhet (...) Jeroboami shtriu dorën (...) duke thënë: "Kape!" Por dora që ai kishte zgjatur (...) u tha dhe ai nuk mundi ta tërhiqte, altari u ça (...) (1 Mbretërve 13:1-5)

Falë një shpërbërësi atomik, një nga krijuesit shkatërroi altarin dhe dogji dorën e një prej njerëzve që nuk i respektonte krijuesit. Ai u nis përsëri në një nga bazat tokësore të Elohim, duke marrë një rrugë të ndryshme në mënyrë që njerëzit të mos mund ta zbulonin atë:

Mos u kthe nga rruga që ke ardhur. (...) Kështu ai shkoi në një rrugë tjetër. (1 Mbretërve 13, 9-10)

Në librin e parë të Mbretërve, në vargun 17.6, përshkruhet një sistem që ju lejon të drejtoni kafshët në një distancë falë elektrodave, diçka që edhe ju keni filluar ta zbuloni:

Sorrat i sillnin bukë dhe mish në mëngjes (...) dhe (...) në mbrëmje.

LIBRI QË TREGON TË VËRTETËN

Krijuesit, në dritën e disa zbulimeve të fundit, vendosën të shfaqen sa më rrallë dhe të mos ndikojnë shumë në fatin e qenieve njerëzore. Ata donin të shihnin nëse do të ishin në gjendje të arrinin vetë në epokën shkencore. Prandaj, gjithnjë e më shpesh përdornin mjete të matura komunikimi me njerëzit, siç ishte kjo mënyrë e furnizimit të Elijas me "korba udhëtues".

Është fillimi i një përvoje gjigante në shkallë galaktike mes njerëzimit të ndryshëm konkurrues. Krijuesit vendosën të tregohen më pak, duke përforcuar autoritetin dhe famën e ambasadorëve të tyre, profetëve, duke bërë "mrekulli", pra duke përdorur mjete shkencore të pakuptueshme në atë kohë.

Shikoni! Djali juaj jeton. (1 Mbretërve 17,23)
Tani e di që je njeri i Perëndisë (...). (1 Mbretërve 17,24)

Elija ushqeu dhe shëroi një fëmijë të vogël që po vdiste. Pastaj i solli dy dema në malin Karmel dhe i vendosi në pirga: njërin ia kushtuan një idhulli, Baalit, dhe tjetrin krijuesve. Pira që u ndez vetë do të përfaqësonte të vetmin "Zot" të vërtetë që duhet adhuruar. Me sa duket, në momentin e rënë dakord paraprakisht midis Elijas dhe krijuesve, zjarri që ishte menduar për ta u ndez, edhe pse ishte përmbytur me ujë, falë një rrezeje të fuqishme të krahasueshme me një lazer, që lëshohej nga një avion. fshehur mes reve.

Dhe zjarri i Jahvé ra, përpiu holokaustin dhe drutë, gurët dhe hirin, duke tharë ujin e kanalit. (1 Mbretërve 18,38)

Elia lajmëtar

Elia ishte subjekt i kujdesit të menduar nga krijuesit.
(...) një engjëll e preku dhe i tha: "Çohu dhe ha!" (...) pranë kokës së tij kishte një fokacë (...) dhe një enë me ujë. (1 Mbretërve 19,5-6)

Kjo ndodhi në mes të shkretëtirës.

LIBRI QË TREGON TË VËRTETËN

Ja, Elohim po kalonte. Frynte një erë shumë e fortë për të çarë malet dhe për të thyer shkëmbinjtë përpara Zotit; por Elohim nuk ishte në erë. Dhe pas erës ra një tërmet (...). Dhe pas tërmetit ra një zjarr; por Elohim nuk ishte në zjarr. Dhe pas zjarrit si murmurima e një flladi të lehtë. (1 Mbretërve 19,11-12)

Gjeni në këtë pasazh përshkrimin e saktë të uljes së një avioni të krahasueshëm me raketat tuaja moderne. Më tej, ai përshkruan vizionin e krijuesve.

E pashë Jahvé të ulur në fronin e tij dhe gjithë ushtria e qiellit ishte pranë tij (...). (1 Mbretërve 22:19)
Krijuesit ende përdorin telepatinë, por telepatinë në grup, në mënyrë që asnjë nga profetët të mos i predikojë të vërtetën mbretit.

(...) Unë do të bëhem një frymë gënjeshtare në gojën e të gjithë profetëve të tij. (1 Mbretërve 22,22)

Në librin e dytë të Mbretërve, në vargun 1.12, mund të gjeni një provë tjetër të mbrojtjes që krijuesit i japin Elias:
"Nëse jam njeri i Perëndisë, le të zbresë zjarr nga qielli dhe të të përpijë ty dhe pesëdhjetë njerëzit e tu" dhe zjarri i Perëndisë zbriti nga qielli dhe përpiu atë dhe pesëdhjetë njerëzit e tij.

Ky operacion përsëritet përsëri, por herën e tretë:
(...) engjëlli i Jahve i tha Elias: "Zbrit me të dhe mos ki frikë prej tij". (2 Mbretërve 1,15)

Ende në librin e dytë të Mbretërve, Elija ftohet nga krijuesit të hyjë në një anije kozmike që ngrihet dhe e merr me vete.

Kur Jahvé e dërgoi Elijan në qiell në një shakullinë (...). (2 Mbretërve 2.1) (...) ja, një karrocë e zjarrtë dhe kuaj të zjarrtë u vendosën midis tyre (midis Elijas dhe Eliseut): Elia u ngjit në shakullinë drejt qiellit. (2 Mbretërve 2,11) Bëhet fjalë për ngritjen e një makinerie fluturuese dhe zjarri nga avionët bën që rrëfimtari të flasë për kuajt e zjarrit. Nëse sot do të merrje primitivë nga Amerika e Jugut apo nga Afrika e Zezë dhe do t'i bënte të shikonin një raketë duke u ngritur, ata, duke u kthyer në fiset e tyre, do të flisnin për një karrocë zjarri dhe kuaj të zjarrtë.

LIBRI QË TREGON TË VËRTETËN

Ata do të ishin krejtësisht të paaftë për t'i kuptuar racionalisht këto dukuri shkencore, qoftë edhe në mënyrë të përafërt, dhe do të shihnin në to diçka të mbinatyrshme, mistike dhe hyjnore.

Më tej (në 2 Mbretërve 4,32-37) Eliseu, ashtu si babai i tij, vazhdon drejt një "ringjalljeje". Shëron dhe kthen në jetë një fëmijë të vdekur. Diçka shumë e shpeshtë në ditët e sotme, ku praktikohet rregullisht reanimimi gojë më gojë dhe masazhet e zemrës për të rikthyer në jetë një qenie të cilit i është ndalur zemra.

Eliseu pastaj vazhdon të shumëzojë bukët.

Shumëzimi i bukëve

Një burrë (...) i solli njeriut të Perëndisë (...) njëzet bukë elbi (...) Por shërbëtori i tij tha: "Si mund t'ua shërbej këtë njëqind njerëzve?" "Ata do ta hanë dhe do të mbetet pak." Ai u shërbeu, dhe ata hëngrën nga ajo dhe lanë mbetje, sipas fjalës së Zotit. (2 Mbretërve 4,42-44)

Krijuesit sjellin këtu ushqime sintetike dhe të dehidratuara të cilat me shtimin e ujit arrijnë pesëfishin e vëllimit fillestar. Me njëzet "bukë" të vogla, ka ushqim të mjaftueshëm për njëqind njerëz. Ju tashmë i dini pilulat e vogla të vitaminës që hëngrën kozmonautët tuaj të parë. Ata zënë pak hapësirë, por ofrojnë të gjithë elementët e nevojshëm për ushqim.

Ka diçka për të ushqyer një njeri në një pilulë. Në një vëllim të barabartë me një sanduiç, ka ushqim për pesë burra dhe në njëzet sanduiç ka ushqim për njëqind burra.

Por populli i Izraelit adhuronte idhujt metalikë, ishin kanibalë dhe u bënë krejtësisht imoralë, duke i neveritur ata që i kishin krijuar.

(...) dhe Izraeli u dëbua nga toka e tij (...). (2 Mbretërve 18,23)

LIBRI QË TREGON TË VËRTETËN

Ishte fillimi i shpërndarjes së popullit të Izraelit, qytetërimi i të cilit, në vend që të përparonte, regresoi në mënyrë të qëndrueshme, në kundërshtim me fqinjët e tij që përfituan prej tij.

Në librin e Isaias, ju ende mund të gjeni:
Vitin e vdekjes së mbretit Ozias, pashë Adonain të ulur në një fron të lartë (...). Serafimët ishin sipër tij. Secili kishte gjashtë krahë: me dy mbulonte fytyrën, me dy mbulonte këmbët dhe me dy fluturonte. (Isaia 6,1-2)

Gjeni këtu përshkrimin e krijuesve të veshur me një kostum zhytjeje autonome të pajisur me gjashtë reaktorë të vegjël: dy në shpinë, dy në duar dhe dy në këmbë, ky i fundit i drejtuar.

Në male, zhurma e një rrëmuje! Diçka si një popull i madh! Zhurmë e madhe e mbretërive! Nga kombet e mbledhura! Jehovai i ushtrive shqyrton një ushtri lufte. Ata vijnë nga një vend i largët, nga skajet e qiellit, Jahvé dhe instrumentet e zemërimit të tij, për të shkatërruar gjithë vendin. (Isaia 13,4-5)
Këtu përshkruhet e gjithë e vërteta. Mjaftoi të lexoje mes rreshtave dhe të...kuptoje. "Ata vijnë nga një vend i largët, nga skajet e qiellit". Nuk mund të ishte më e qartë.
Je ti që the në zemrën tënde: Unë do të ngjitem në qiell, në yjet e Perëndisë. (Isaia 14:13)
Aludim për shkencëtarët e humbur që kishin marrë njohuri të mjaftueshme shkencore për të tentuar të shkonin në planetin e krijuesve dhe që u shkatërruan në Sodomë dhe Gomorra. Ushtria e qiellit përshkruhet këtu në atë kohë, kur vjen, me mjetet e zemërimit të saj, të shkatërrojë gjithë vendin.
Ata janë njerëzit e Sodomës dhe Gomorrës që thanë:
Do të ngjitem në lartësitë e reve, do të barazoj veten me Më të Lartin. (Isaia 14,14)

Por shkatërrimi i pengoi njerëzit të barazoheshin me krijuesit, "Më të Lartit".

E bëri botën shkretëtirë (...). (Isaia 14:17)

Pak më tutje, përshkruhet shpërthimi bërthamor:

LIBRI QË TREGON TË VËRTETËN

Zhurma ka rrethuar territorin e Moabit, jehona e saj shkon deri në Eglaim, jehona e saj arrin deri në Beer Eylim. Ujërat e Dimonit janë plot gjak! (Isaia 15,8-9)

Megjithatë, disa u shpëtuan duke u strehuar në bunkerë të nëndheshëm.

Shkoni o populli im, hyni në dhomat tuaja dhe mbyllni dyert tuaja, fshihuni vetëm për një çast, derisa të kalojë zemërimi. (Isaia 26:20)

Disqet fluturuese të Ezekielit

Por është tek Ezekieli që gjejmë përshkrimin më interesant të një prej makinave tona fluturuese:

(...) një re e madhe me një zjarr verbues që shkëlqente gjithandej, ndërsa në qendër kishte si vezullim prej argjendi të praruar (...). Dhe në qendër forma e katër qenieve, pamja e të cilave ishte si vijon: ata kishin një formë njerëzore. Secili kishte katër fytyra dhe katër krahë. Këmbët e tyre ishin të drejta dhe thembra e këmbëve të tyre ishin si thundrat e këmbëve të një viçi dhe shkëlqenin si shkëlqimi i bronzit të lëmuar. Nën krahët e tyre, në të katër anët, kishte duar njeriu. Krahët e tyre, nga të katër, ishin të bashkuar. Ndërsa përparonin, fytyrat e tyre nuk u kthyen mbrapa: secili përparonte sipas orientimit të fytyrave të tyre. Për sa i përket formës së fytyrave të tyre, kishte një fytyrë njeriu, pastaj një fytyrë luani, në të djathtë të të katërt, pastaj një fytyrë demi, në të majtë të të katërtve dhe një fytyrë shqiponje në secilën prej të katërve. Krahët e tyre ishin shtrirë lart; secili kishte dy krahë

që bashkonin krahun fqinj dhe dy mbulonin trupin e tyre. Secili lëvizte sipas orientimit të fytyrës së tij. Ata shkuan atje ku duhej të shkonte shpirti. Ata nuk shikonin prapa kur u zhvendosën. Midis qenieve vizioni ishte si prush inkandeshente, ishte si vizioni i pishtarëve; kjo lëvizte mes qenieve; zjarri po flakëronte dhe nga zjarri kishte shkreptima. Qeniet vinin e shkonin duke vrapuar si rrufe. (Ezekieli 1,4-14)

41

LIBRI QË TREGON TË VËRTETËN

Pastaj pashë qeniet dhe ja, ishte një rrotë në tokë pranë katër qenieve. (Ezekieli 1,15)

Pamja e rrotave ishte si shkëlqimi i krisolitit: të katër kishin të njëjtën formë. Pamja dhe funksionimi i tyre ishte sikur njëra rrotë të ishte në mes të tjetrës. Ata mund të lëviznin në të katër drejtimet pa pasur nevojë të ktheheshin kur lëviznin. Sa i përket buzëve, ato kishin një lartësi dhe një pamje të frikshme (...) rreth e rrotull ishin të mbuluara me sy të katërt. Ndërsa qeniet përparonin, rrotat përparonin përkrah tyre, dhe ndërsa qeniet ngriheshin nga toka, ngriheshin edhe rrotat. Aty ku do të shkonte shpirti, ata shkuan dhe rrotat u ngritën me ta, sepse shpirti i qenieve ishte në rrota. Kur përparonin ata përparonin, kur ndalonin ndalonin. Kur zbritën nga toka, me ta u ngjitën edhe rrotat, sepse shpirti i qenieve ishte në rrota. (Ezekieli 1,16-21)

Mbi kokat e qenieve, kishte një lloj platforme; ishte si shkëlqimi imponues i kristalit; shtrihej mbi kokat e tyre në majë. Poshtë platformës, krahët e tyre ishin shtrirë, paralel me njëri-tjetrin; secili prej tyre kishte nga dy që mbulonin trupin. Dëgjova zhurmën e krahëve të tyre, të barabartë, kur lëviznin, zhurmën e ujërave të mëdha, të barabartë me zërin e Shadait; si zhurma e një turme, si zhurma e një kampi. Kur u ndalën, i ranë krahët. Kishte një zhurmë nga sipër platformës që ishte mbi kokat e tyre. Mbi platformën që ishte mbi kokat e tyre, ishte, që i ngjante pamjes së një guri safiri, në formën e një froni, dhe mbi formën e një froni, një formë që i ngjante pamjes së një njeriu (që qëndronte) mbi të. majën. (Ezekieli 1,22-26)

Këtu është një përshkrim, sa më i saktë që të jetë e mundur, i krijuesve të zbritur nga avioni i tyre. Reja e madhe është gjurma që lënë aktualisht avionët me fluturime të larta, më vonë u shfaq aparati dhe drita e saj vezulluese, "zjarri flakërues" dhe "shkëlqimi i argjendit të praruar". Katër krijues më pas bëjnë evolucion me kostume kundër gravitetit dhe reaktorë të vegjël me drejtim. Nga "krahët" në kostumet e tyre metalike të zhytjes: "këmbët e tyre... shkëlqenin si shkëndija e bronzit të lëmuar". Ai mund të kishte vini re se kostumet e kozmonautëve tuaj janë shumë me shkëlqim. Për sa i përket "pjatës fluturuese", "rrota", pamja dhe funksionimi i saj nuk përshkruhen shumë keq, duke ditur që është primitiv të flasësh. "Sikur njëra rrotë të ishte në mes të tjetrës (...) pa pasur nevojë të rrotullohej kur lëvizte".

Në qendër të "pjatës fluturuese", në pamje shumë të ngjashme me atë në të cilën gjendemi, është pjesa e banueshme: "rrema": "përsa i përket buzëve, të katërt ishin të mbuluar me sy". Ndërsa veshjet tona evoluan dhe ne nuk i vishnim më këto kostume të rënda zhytjeje, pajisjet tona ishin të pajisura me vrima, "sytë" e "rimave", sepse ne nuk kishim zbuluar ende mënyrën për të parë përmes mureve metalikë duke modifikuar strukturat e tyre atomike në do. "Disqet fluturuese" i qëndrojnë pranë krijuesve, për t'i ndihmuar në rast nevoje, sepse po prokurojnë materiale të ndryshme dhe po kryejnë manovra mirëmbajtjeje në anijen e madhe kozmike që ndodhet sipër tyre.

Krijuesit e tjerë i drejtojnë ato nga brenda pajisjeve.

(...) shpirti i qenieve ishte në rrota. (Ezekieli 1,21)

Me sa duket. Edhe kostumi i zhytjes përshkruhet me katër vrimat e tij, të krahasueshme me ato të kostumeve tuaja të para të zhytjes detare.

Secili prej tyre kishte nga katër fytyra... Ndërsa përparonin, fytyrat e tyre nuk u kthyen pas. (Ezekieli 1,9)

"Disqet" e vegjël ngjajnë pak me "Lems" të shërbimit, avionë të vegjël me rreze të shkurtër që përdoren për misione të shkurtra eksplorimi. Më lart, anija e madhe ndërplanetare pret.

Mbi kokat e qenieve, kishte një lloj platforme; ishte si shkëlqimi mbresëlënës i kristalit (...) Mbi platformën që ishte mbi kokat e tyre, kishte, të barabartë me pamjen e gurëve të safirit, formën e një froni dhe në formën e fronit, sipër, një formë e barabartë me pamjen e një burri, në pjesën e sipërme. (Ezekieli 1,22-26)

Ky i fundit, në anijen e madhe, mbikëqyrte dhe koordinonte punën e krijuesve.

Ezekieli, i frikësuar nga të gjitha këto gjëra aq misterioze sa mund të vinin vetëm nga "Perëndia", hidhet në fytyrë, por një nga krijuesit i thotë:

LIBRI QË TREGON TË VËRTETËN

Bir njeriu, qëndro në këmbë dhe unë do të flas me ty (...) dëgjo çfarë do të të them (...) dhe ha çfarë do të të jap. (Ezekieli 2,1-8)

Është një imazh i ngjashëm me "ngrënjen" e pemës së shkencës së së mirës dhe së keqes. Është në fakt një "ushqim" intelektual. Nga ana tjetër, është pikërisht një libër që i jepet:

(...) këtu më zgjati një dorë dhe (...) mbajti rrotullën e një libri (...) ishte shkruar para dhe mbrapa. (Ezekieli 2,9-10)

Ishte shkruar në pjesën e përparme dhe të pasme, gjë që ishte e habitshme të lexohej në një epokë kur shkruhej vetëm njëra anë e pergamenave. Më pas, rrotulla "hahet"; domethënë, Ezekieli mëson për të dhe ajo që mëson, ajo që ajo mëson sot për origjinën e qenieve njerëzore, është aq emocionuese dhe ngushëlluese sa thotë:

E hëngra dhe ishte e ëmbël si mjalti për gojën time. (Ezekieli 3,3)

Pastaj Ezekieli transportohet me anijen e krijuesve në vendin ku duhet të përhapë lajmin:
Më kishte ngritur shpirti; ai më mbajti dhe pas meje dëgjova një përplasje të madhe. (Ezekieli 3,12)

Më tej, "profeti" është marrë përsëri në një makinë fluturuese:
(...) fryma më ngriti midis qiellit dhe tokës dhe më çoi në Jeruzalem (...). (Ezekieli 8,3)

Atëherë Ezekieli kupton se "kerubinët", nën krahët e tyre, kanë duar njësoj si ato të qenieve njerëzore:

Po shikoja: kerubinët kishin formën e dorës së një njeriu nën krahë. (Ezekieli 10,8)

Kur u nisën, kerubinët hapën krahët dhe u ngritën nga toka para syve të mi dhe rrotat me ta. (Ezekieli 10,19)

Më ngriti shpirti dhe më çoi (...). (Ezekieli 11,1)

LIBRI QË TREGON TË VËRTETËN

Lavdia e Zotit u ngrit nga qendra e qytetit dhe u ndal në malin që është në lindje të qytetit. Shpirti më ngriti dhe më çoi në Kalde (...). (Ezekieli 11,23-24)
Ezekieli këtu përshkruan udhëtimet e tij në një nga makinat fluturuese të krijuesve.

(...) Jahvé më nxori jashtë dhe më vendosi në qendër të luginës. (Ezekieli 37,1)

Në këtë pikë ndodh një "mrekulli". Krijuesit do të ringjallin qeniet njerëzore vetëm me kocka të mbetura. Siç u përmend më parë, në çdo qelizë të një qenieje të gjallë ka të gjithë informacionin e nevojshëm për rindërtimin e të gjithë qenies. Mjafton të fusni një nga këto grimca, të cilat mund të vijnë edhe nga mbetjet kockore, në një pajisje që furnizon të gjithë lëndën e gjallë të nevojshme për rindërtimin e qenies origjinale. Makina e vë materien në dispozicion dhe grimca jep informacionin, planet sipas të cilave duhet të konstituohet qenia. Si një spermë që zotëron informacionin për të krijuar një qenie të gjallë, nga ngjyra e flokëve e deri te ngjyra e syve.

Bir njeriu, a mund të jetojnë sërish këto kocka? (...) u bë një zhurmë, dhe ja, u bë një zhurmë (...) dhe ja, kishte nerva (në kocka), mishi u rrit dhe lëkura i mbuloi (...) ata u gjallëruan dhe u ngritën. , ushtri shumë, shumë e madhe. (Ezekieli 37, 3-10)

E gjithë kjo është shumë e lehtë për t'u bërë dhe ju gjithashtu do ta bëni një ditë. Prandaj dobia e ritit shumë të lashtë, për njerëzit e mëdhenj, për t'u siguruar që varrosjet e tyre të mbroheshin sa më shumë që të ishte e mundur, sepse në këtë mënyrë, një ditë, ata mund të ishin kthyer në jetë, dhe kjo në mënyrë të përhershme. Është një pjesë e sekretit të pemës së jetës së përjetësisë.

Në kapitullin 40, Ezekieli, edhe një herë, çohet në një objekt fluturues përpara një njeriu të veshur me një kostum zhytjeje:

Më çoi (...) dhe më vendosi në një mal shumë të lartë, mbi të cilin dukej se ishte ndërtuar një qytet, nga ana jugore (...) (aty ishte) një njeri, pamja e të cilit ishte si pamja e bronzit. (Ezekieli 40,2-3)

LIBRI QË TREGON TË VËRTETËN

Ky qytet ishte një nga bazat tokësore që kishin krijuesit në atë kohë, i vendosur gjithmonë në male të larta për të mos u shqetësuar nga njerëzit. Burri me pamje prej bronzi, natyrisht, është i veshur me një kostum zhytjeje prej metali - ashtu siç ne gabojmë me fëmijët, me kerubinë, për shkak të shtatit tonë të vogël.

Priftërinjtë e ngarkuar për t'u shërbyer krijuesve në rezidencën e tyre tokësore, "tempullin" që viziton Ezekieli, kishin rroba aseptike për të kryer detyrat e tyre dhe këto rroba duhej të qëndronin në "tempull" për të shmangur rrezikun e bartjes së mikrobeve të rrezikshme për krijuesit. :

Kur priftërinjtë të dalin, (...) do të lënë aty rrobat e tyre me të cilat kanë shërbyer, sepse (këto rroba) janë të shenjta. (Ezekieli 42,14)

Duhet të shkruanin "se këto rroba janë të shëndetshme", SANI. Delikatesë e pakuptueshme për primitivët që hyjnizuan gjithçka që u thuhej apo u tregonin.

Në kapitullin 43, anija e madhe e quajtur me respekt "lavdia e Perëndisë" afrohet:
Dhe ja, lavdia e Perëndisë të Izraelit vinte nga lindja dhe zhurma e saj ishte si zhurma e ujërave të mëdha dhe toka shkëlqeu nga lavdia e saj. (Ezekieli 43,2)

Vetëm "princi" ka të drejtë të vijë dhe të bisedojë me krijuesit:

Kjo derë do të mbetet e mbyllur, nuk do të hapet dhe askush nuk do të kalojë nëpër të, sepse Zoti, Perëndia i Izraelit, ka hyrë në të; prandaj do të mbetet e mbyllur. (Ezekieli 44,2)

Ata nuk donin të shqetësoheshin.

Sa për princin, si princ, ai do të mund të ulet të hajë bukën e tij para Jahvé. (Ezekieli 44,3)

Por princi duhej të kalonte nëpër një dhomë të mbyllur, në të cilën ai u bë aseptik falë një rrezatimi të veçantë:

Do të vijë nga itinerari i hollit të derës dhe do të largohet nga e njëjta rrugë. (Ezekieli 44,3)

"Priftërinjtë" levitikë janë të pranishëm për të siguruar shërbimin ndaj krijuesve:

Janë ata që do të më afrohen për të më shërbyer dhe do të qëndrojnë para meje për të më ofruar yndyrë dhe gjak (...) janë ata që do të afrohen në tryezën time për të më shërbyer. (Ezekieli 44,15-16)

Kur të kalojnë dyert e atriumit të brendshëm, do të veshin rroba prej liri (...) nuk do të vishen me asgjë që shkakton djersitje. (Ezekieli 44,17-18)

Era e djersës së njerëzve të Tokës ishte një gjë shumë e pakëndshme për ta.

Pjesën më të mirë të të gjitha frutave tuaja të para dhe (...) më të mirën e tokës suaj do t'ua jepni priftërinjve, në mënyrë që bekimi të qëndrojë në shtëpitë tuaja. (Ezekieli 44,30)

Kështu vazhdoi furnizimi i krijuesve me produkte të freskëta.

Në kapitullin e tretë të Danielit, Mbreti Nebukadnetsar dënoi tre burra në shtyllë sepse nuk donin të adhuronin një perëndi prej metali në vend të krijuesve që ata dinin se ekzistonin. Por tre burrat shpëtohen nga një prej krijuesve që u vjen në shpëtim në zjarr. Falë një rrezeje zmbrapsëse dhe ftohëse, ai largon nxehtësinë dhe flakët që mbështjellin njerëzit, duke i lejuar ata të largohen pa vuajtur as më të voglin:

Ah! Unë shoh katër burra që ecin lirshëm në mes të furrës pa pësuar asnjë dëm, dhe pamja e të katërtit i ngjan asaj të një biri të perëndive. (Danieli 3,92)

Më tej, Danieli hidhet në gropën e luanëve, por luanët nuk e prekin. Këtu, asgjë shumë e komplikuar: vetëm një rreze e vogël paralizuese, koha që Daniele të dalë nga gropa.

Elohim im dërgoi engjëllin e tij që mbylli nofullat e luanëve. (Danieli 6,23)

Në kapitullin e dhjetë të Danielit, ende mund të gjesh një përshkrim interesant të një krijuesi:

Ngrita sytë dhe shikova: ja, një burrë (...) Trupi i tij ishte si topaz, fytyra e tij si pamja e rrufesë, sytë e tij si ndezje zjarri, krahët dhe këmbët i ngjanin një bronzi të shndritshëm dhe zhurma e tij. fjalët dukeshin zhurma e një turme. (Danieli 10,5-6)

Gjykimi përfundimtar

Nëse populli hebre dominohej nga persët dhe grekët, kjo është për shkak se krijuesit, për t'i ndëshkuar për mungesën e besimit të tyre, dërguan disa nga njerëzit e tyre, "engjëjt" tek këta popuj për t'i bërë ata të bënin ato përparime teknike që shpjegojnë momentet e mëdha të qytetërimeve të tyre. Engjëlli Michael ishte kreu i delegacionit të ngarkuar për të ndihmuar Persianët:

Michael (...) erdhi (...) këtu, te mbretërit e Persisë. (Danieli 10,13)

Në kapitullin 12 të Danielit, ringjallja përmendet ende:

Shumë nga ata që flenë në pluhurin e tokës do të zgjohen: këta për jetën e përjetshme, ata për turpin, për tmerrin e përjetshëm. (Danieli 12,2)

"Gjykimi përfundimtar" do t'i lejojë njerëzit e mëdhenj të jetojnë përsëri. Ata që kanë qenë pozitivë për njerëzimin dhe që kanë besuar te krijuesit, duke ndjekur urdhërimet e tyre, do të priten me gëzim nga qeniet njerëzore të epokës në të cilën do të ndodhë e gjithë kjo. Në vend të kësaj, të gjithë njerëzit e ligj do të ndihen të turpëruar para gjykatësve të tyre, por do të jetojnë në keqardhje të përjetshme, si një shembull për mbarë njerëzimin.

Njerëzit inteligjentë do të shkëlqejnë si shkëlqimi i qiellit, dhe ata që kanë sjellë shumë para drejtësisë, si yjet (...). (Danieli 12,3)

Gjenitë do të jenë më të vlerësuarit dhe ata që do të shpërblehen më shumë. Burrat e drejtë që kanë lejuar që gjenet të lulëzojnë ose e vërteta të triumfojë gjithashtu do të shpërblehen.

Dhe ti, Daniel, mbaji sekret këto fjalë dhe vulos këtë libër deri në kohën e fundit. Shumë do të kërkojnë aty-këtu dhe njohuritë do të rriten. (Danieli 12,4)

Në të vërtetë, këto fjalë nuk mund të ishin kuptuar para se njeriu të kishte arritur një nivel të njohurive të mjaftueshme shkencore, që do të thotë tani. Dhe e gjithë kjo do të ndodhë:

Kur do të përfundojë dërrmimi i forcës së popullit të shenjtë. (Danieli 12,7)

Kur populli i Izraelit do ta gjejë përsëri vendin e tij pas shpërndarjes së gjatë? Dhe këtu, disa dekada më parë, u krijua shteti i Izraelit, në lidhje me shpërthimin shkencor të qenieve njerëzore në Tokë.

Shko, Daniel, sepse këto fjalë janë të fshehta dhe të vulosura deri në kohën e fundit. (Danieli 12,9)

E gjithë kjo mund të kuptohet vetëm në këtë moshë. E gjithë kjo mund të kuptohet vetëm tani. Vetëm vitet e fundit përparimet shkencore kanë qenë të përmasave të tilla, veçanërisht në fushën e eksplorimit të hapësirës, saqë gjithçka duket e mundur në sytë e qenieve njerëzore dhe me të drejtë. Tashmë, asgjë nuk i mahnit më njerëzit që janë mësuar të shohin lloj-lloj mrekullish që ndodhin para tyre në një ekran televiziv. Ata mund të mësojnë, pa habi të madhe, se janë bërë me të vërtetë sipas shëmbëlltyrës së

"Zotit", krijuesit të tyre të plotfuqishëm, edhe brenda mundësive të tyre shkencore. "Mrekullitë" më në fund bëhen të kuptueshme.

Te Jonah është shumë interesante edhe historia e "peshkut të madh" që gëlltit profetin. Kur Jonai hidhet nga barka e vogël në det:

Elohim urdhëroi një peshk të madh të gëlltiste Jonain dhe Jona mbeti në zorrët e peshkut tri ditë e tri net. (Jona 2.1)

Një "peshk i madh"... në fakt një nëndetëse si këto që njihni tani, por që për njerëzit e kohës mund të ishte vetëm një "peshk i madh", edhe nëse lëngjet e tij gastrike do ta kishin tretur shumë shpejt çdo njeri, ai nuk do të kishte asnjë shpresë për t'u kthyer në qiell të hapur. Nga ana tjetër, do të ishte e nevojshme që ky peshk të vuante nga aerofagjia sepse njeriu mund të merrte frymë brenda saj...

LIBRI QË TREGON TË VËRTETËN

Në këtë nëndetëse, krijuesit mundën të bisedonin me Jonah dhe të mbanin të përditësuar evolucionin e ngjarjeve politike të kohës.

Kështu Elohim e urdhëroi peshkun dhe ai e hodhi poshtë Jonan në tokë të thatë. (Jona 2:11)

Nëndetësja iu afrua bregut dhe Jona u kthye në kontinent.

Në Zakaria 5, ka një përshkrim tjetër të një objekti fluturues:

Pastaj ngrita sytë dhe pata një vegim: dhe ja një rrotull që fluturonte (...) e gjatë njëzet kubitësh (9 metra) dhe e gjerë dhjetë kubitësh (4,50 metra). (Zakaria 5,1-2)

Pak më tutje shfaqen për herë të parë shoqëruesit e krijuesve:

(...) dhe këtu u shfaqën dy gra. Në krahët e tyre frynte erë, sepse kishin krahë si lejlekët. (Zakaria 5,9)

Dy femra që shoqërojnë krijuesit, të pajisura me veshje fluturimi autonome, kryejnë evolucione përballë Zaccarias.

Në Psalmet 8, thuhet për njeriun:

Ti e bëre atë pak më të ulët se Perëndia. (Psalmet 8.6)

Qeniet njerëzore, në një nivel intelektual, janë pothuajse po aq të aftë sa krijuesit. Ata që kopjonin nuk guxuan të shkruanin "e barabartë me Elohim", siç u diktohej.

(...) pika e tij e nisjes është në njërin skaj të qiellit dhe orbita e tij në skajin tjetër. (Psalmet 19.7)
Krijuesit erdhën nga një planet shumë larg orbitës së Tokës.

Për diell, ai ngriti një tendë mbi det (...). (Psalmet 19.5)

Një tjetër aludim për masën e tokës që u krijua kur oqeanet mbulonin ende të gjithë planetin dhe që i dha formë kontinentit origjinal.

Nga qiejt mbi Zotin shikon, ai sheh të gjithë bijtë e njeriut, nga vendi i banesës së tij vëzhgon të gjithë banorët e tokës (...) (Psalmet 33,13-14)
Nga pajisjet e tyre fluturuese, krijuesit vëzhgojnë, si gjithmonë, peripecitë e njerëzimit.

Satanai

Në Job 1, ju keni shpjegimin se kush ishte Satanai.

Ndodhi që një ditë bijtë e Elohim erdhën për t'u paraqitur para Zotit dhe midis tyre erdhi edhe Satanai. (Puna 1.6)

Në hebraishten e lashtë, fjala "Elohim" fjalë për fjalë do të thotë "të adhurit nga parajsar". Djemtë e Elohim, krijuesit që mbikëqyrin qeniet njerëzore, i paraqesin rregullisht raporte qeverisë së planetit të tyre, duke vërtetuar pothuajse gjithmonë se njerëzit i respektojnë dhe i duan ata. Por njëri prej tyre, i quajtur Satani, është një nga ata që gjithmonë e kanë dënuar krijimin e qenieve të tjera inteligjente në një planet aq afër sa Toka, duke e parë atë si një kërcënim të mundshëm. Kështu, përballë përkushtimit të Jobit, një nga shembujt më të mirë të njerëzve që i donin krijuesit e tyre, thotë:

Satanai i përgjigjet Jahves dhe i thotë: «A i frikësohet Jobi asgjë Perëndisë? (...) Por shtrije pak dorën dhe godit gjithçka që i takon. Ai me siguri do ta mallkojë fytyrën tuaj!" Dhe Jahvé i thotë Satanait: "Ja, gjithçka që zotëron është në fuqinë tënde! Por mos e shtrini dorën mbi të!" (Jobi 1,9-12)

Qeveria, e përballur me pretendimet e Satanait se Jobi nuk do t'i kishte dashur krijuesit e tij nëse nuk do të kishte qenë shumë i pasur, i jep atij kompetenca të plota për ta shkatërruar Jobin. Vetëm atëherë do të ishte e mundur të shihej nëse ai i adhuronte akoma krijuesit e tij. Është për këtë arsye që nuk duhet të shkojmë aq larg sa t'i marrim jetën.

Përballë kokëfortësisë së Jobit për të respektuar krijuesit e tij edhe pasi ka rënë në rrënim, qeveria triumfon mbi opozitën: "Satani".

Ky i fundit megjithatë përgjigjet se ka humbur shumë gjëra por se është ende mirë me shëndet. Qeveria i jep carte blanche, me kusht që të mos e vrasë:

Këtu është në duart tuaja! Thjesht kurseni jetën tuaj! (Puna 2.6)

Gjithashtu në librin e Jobit, një fjali e shkurtër që mund ta gjeni në kapitullin 37 është interesante:

(...) a do të përhapësh me të retë e forta si një pasqyrë prej metali të shkrirë? (Jobi 37,18)

A është njeriu në gjendje të ndërtojë "re të forta", në fakt pajisje metalike fluturuese? Njerëzit e kohës mendonin se kjo ishte e pamundur për askënd përveç Zotit, por sot e gjithë kjo është një realitet...

Në fund, përballë përulësisë së tij, krijuesit shërojnë Jobin dhe i rikthejnë pasurinë, fëmijët dhe shëndetin.

Burrat nuk mund ta kuptonin

Në Tobias, një nga robotët e krijuesve, i quajtur Raphael, vjen gjithashtu për të testuar reagimet e njerëzve ndaj tyre. Në fund largohet sërish, pasi u ka treguar se kush ishte.

Çdo ditë e bëra veten të dukshme për ju; Nuk kam ngrënë e as pirë (...) Kthehem tek ai që më dërgoi dhe shkruaj gjithçka që ndodhi në një libër. (Tobit 12,19-20)

Është e lehtë të shihet e gjithë kjo në shkrime. Përsëri, është e nevojshme të përpiqemi të kuptojmë.

Çfarë është mençuria dhe si lindi, do ta bëj të ditur; Unë nuk do t'ju fsheh asnjë sekret, por do të kthehem në fillimin e zanafillës së tij dhe do të nxjerr në dritë njohuritë e tij dhe nuk do të largohem nga e vërteta. (Urtësia e Solomonit 6,22)

LIBRI QË TREGON TË VËRTETËN

Kur të ketë ardhur koha, "urtësia", shkenca që ka mundësuar ekzistencën e të gjitha këtyre, do t'i njihet në kohën e duhur njeriut dhe shkrimet biblike do ta vërtetojnë këtë.

Sepse duke u nisur nga madhështia dhe bukuria e krijesave, autori i tyre përsiatet me analogji. (Dituria e Solomonit 13.5)

Megjithatë, ishte e lehtë të shihje të vërtetën dhe të njohësh krijuesit duke parë krijimin.

Ata nuk kanë mundur të njohin nga të mirat e dukshme Atë që është. (Urtësia e Solomonit 13.1)

Për të mos u shqetësuar nga qeniet njerëzore, krijuesit kishin bazat në male të larta, të cilat ende sot ruajnë gjurmët e qytetërimeve të mëdha (Himalaja, Peru, etj.), si dhe në shtratin e detit. Gradualisht, bazat e larta malore u braktisën për t'u hapur rrugë bazave nënujore, më pak të aksesueshme për njerëzit. Krijuesit, të cilët u internuan në fillim, u fshehën nën oqeane:

Atë ditë, Jahvé do të tërbohet me shpatën e tij të fortë, të madhe dhe të fortë kundër Leviathanit, gjarprit të arratisur, (...) dhe do të vrasë dragoin që është në det. (Isaia 27.1)

Në këtë kohë, qeveria e planetit donte të shkatërronte krijuesit e qenieve njerëzore. Nuk ishte e lehtë të shihej qartë në të gjitha këto mrekulli dhe krijuesit domosdoshmërisht hyjnizoheshin në mënyrë abstrakte, pasi njeriu nuk ishte në gjendje të kuptonte gjërat shkencore:

(...) shkrimi i jepet dikujt që nuk di të shkruajë, duke thënë: "Lexoje"; por ai thotë: "Nuk di të lexoj". (Isaia 29:12)

Për një kohë të gjatë, qeniet njerëzore e kishin në dorë të vërtetën, por nuk mund ta kuptonin para se të arrinin të "dinë të lexojnë", për t'u zhvilluar mjaftueshëm shkencërisht.

Çdo njeri brutalizohet për mungesë të shkencës (...). (Jeremia 10,14)

Kjo shkencë që lejoi krijuesit të krijojnë dhe do t'i lejojë qeniet njerëzore të bëjnë të njëjtën gjë:

LIBRI QË TREGON TË VËRTETËN

Jahvé më krijoi mua, fillimin e rrugës së tij, përpara veprave të tij, që atëherë; nga përjetësia u formova, që në fillim, para Tokës (...) Kur ai vendosi qiejt, unë isha atje (...) Kur ai vendosi kufijtë e tij mbi detin, që ujërat të mos shkonin përtej tij buzë (...) Unë isha pranë tij, si arkitekt, dhe u kënaqa (...) duke luajtur në dheun e dheut, dhe kënaqësitë e mia janë me bijtë e njeriut. (Fjalët e urta 8,22-31)

Inteligjenca dhe shkenca: është falë këtyre dy virtyteve që krijuesit mundën të krijonin "kontinentin", kontinentin e vetëm dhe qeniet e gjalla që vendosën në të. Kjo inteligjencë dhe zgjuarsi i shtyn mendjet e qenieve njerëzore sot të përsërisin atë që bënë krijuesit e tyre. Kështu ka qenë që nga fillimi i kohërave: njerëzit krijojnë njerëz të tjerë, të ngjashëm me ta, në botë të tjera. Cikli vazhdon. Disa vdesin, të tjerët i lehtësojnë. Ne jemi krijuesit tuaj dhe ju do të krijoni qenie të tjera njerëzore.

Ajo që është, ka qenë tashmë më parë, dhe ajo që do të jetë tashmë ka qenë (...). (Eklisiastiu 3,15)

Epërsia e njeriut ndaj bishës nuk është asgjë, sepse gjithçka është kotësi. (Eklisiastiu 3,19)

Edhe kafshët u krijuan dhe do të rikrijohen, tamam si njeriu, as më shumë e as më pak. Llojet që zhduken do të jenë në gjendje të ringjallen kur të dini se si t'i rikrijoni ato.

Ne, krijuesit, dëshirojmë të tregohemi zyrtarisht vetëm nëse njeriu na tregon mirënjohjen e tij për krijimin e tij. Kemi frikë nga një mëri që nuk do ta pranonim. Ne do të donim të lidheshim me ju dhe t'ju jepnim avantazhin tonë të konsiderueshëm shkencor, por duam të sigurohemi që nuk do të ktheheni kundër nesh dhe do të na doni si baballarë.

Mjerë kushdo që e qorton Atë që e ka formuar... Ndoshta balta do t'i thotë atij që e brumos: "Çfarë po bën? Puna juaj është e pavlerë!" Mjerë ata që i thonë babait të tyre: "Çfarë ke lindur?" (Isaia 45,9-10)

(...) Unë të sprovova në kambën e mundimit. Është për të mirën time... që kam vepruar! (Isaia 48,10-11)

LIBRI QË TREGON TË VËRTETËN

Nga frika se qeniet njerëzore nuk i duan krijuesit e tyre, i kanë lënë ata të bëjnë përparime shkencore vetë, pothuajse pa i ndihmuar.

Emblema që shihni të ngulitur në këtë objekt fluturues dhe në tutat e mia, përfaqëson të vërtetën dhe është gjithashtu emblema e popullit hebre: Ylli i Davidit. Do të thotë "si lart, ashtu poshtë", ndërsa "svastika" në qendër do të thotë se gjithçka është ciklike, që lart bëhet poshtë dhe poshtë bëhet lart. Origjina dhe fati i krijuesve janë të ngjashëm dhe të lidhur me ato të qenieve njerëzore.

Nuk e njeh? Nuk e keni dëgjuar? Nuk ju është ekspozuar që në fillim? Nuk e kuptoni themelin e Tokës? (Isaia 40,21)

Në Amos ka dëshmi të ekzistencës së bazave të krijuesve të vendosura në male të larta:

Ai... që ecën në lartësitë e Tokës. (Amosi 4,13)

Numri i bazave të krijuesve ishte shtatë:

Sa për këto shtatë, ata janë sytë e Jahvé, ata që qarkullojnë në të gjithë Tokën. (Zakaria 4,10)

Prej këtu vjen llambadari me shtatë degë, kuptimi i të cilit ka humbur dhe që fillimisht, në selinë e krijuesve, ishte një qendër komunikimi me shtatë drita treguese, të cilat i lejonin ata të qëndronin në kontakt me bazat e tjera dhe me anijen ndërplanetare. që rrotullohej rreth Tokës.

Sa i përket aludimit për telepatinë:

Sepse fjala ime nuk është ende në gjuhën time që ti, o Jehova, tashmë i di të gjitha, më rretho mbrapa dhe përpara dhe më pas vendos dorën mbi mua. Shkenca shumë misterioze për mua, shumë e lartë, nuk mund të arrij atje. (Psalmet 139,4-6)

Telepatia është e paimagjinueshme në këtë epokë, "shkenca shumë misterioze për mua".

Ashtu si astronomia dhe udhëtimet ndërplanetare ishin të paimagjinueshme:

Ai numëron numrin e yjeve dhe i thërret secilit me emër. Elohim ynë është i madh dhe shumë i fortë, inteligjenca e tij është e pallogaritshme. (Psalmet 147,4-5)

Në atë kohë, as telekomunikacioni nuk mund të kuptohej:

Ai e dërgon fjalën e tij në të gjithë Tokën, fjala e tij shkon me shpejtësi të madhe (...). (Psalmet 147:15)

Tani vijmë te gurthemeli vendimtar i punës së krijuesve, sa i përket orientimit të saj.

Prandaj, ata vendosën t'i lënë qeniet njerëzore të përparojnë shkencërisht në mënyrë të pavarur, pa ndërhyrë më drejtpërdrejt. Ata e kuptuan se edhe ata ishin krijuar në të njëjtën mënyrë dhe se, duke krijuar qenie të ngjashme me ta, kishin lejuar që cikli të vazhdonte. Por së pari, ata vendosën të dërgojnë një "Mesia" në mënyrë që e vërteta të përhapet në të gjithë botën. Ai do të kishte për detyrë të përhapte në të gjithë Tokën atë që vetëm populli i

Izraelit dinte, në pritje të ditës së zbulimit të misterit origjinal në dritën e përparimit shkencor të bërë nga njerëzimi. Kështu e bëjnë të ditur:

(...) Betlehemi (...) nga ju do të dalë ai që duhet të jetë sundimtar në Izrael dhe që origjina e ka nga lashtësia, që nga ditët më të largëta! (...) Ai do të qëndrojë dhe do të kullosë me fuqinë e Jahvé (...) deri në skajet e tokës dhe ai do të jetë paqe. (Mikea 5,1-4)

Gëzohu (...) bija e Jeruzalemit: ja, mbreti yt vjen te ti (...) i përulur, i hipur një gomari (...) do t'u diktojë paqen kombeve; perandoria e tij do të shtrihet nga deti në det. (Zakaria 9,9-10)

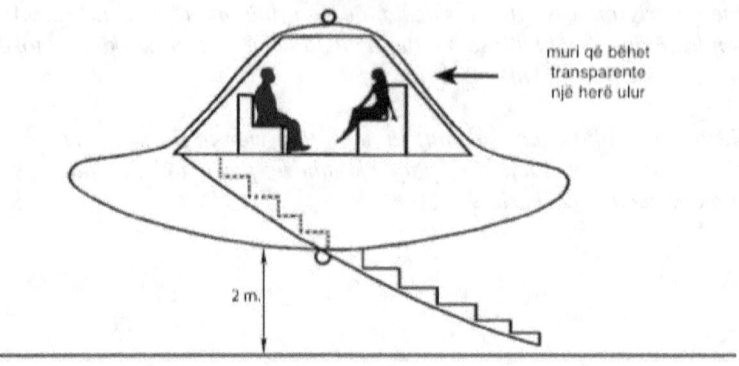

aparati në seksion

muri që bëhet transparente një herë ulur

2 m.

simbol në pajisje
dhe në tutat e burrit

Ky është simboli që Raeli pa të përshkruar në disk fluturues në vitin 1973. Ai përbëhet nga dy trekëndësha të kryqëzuar (Ylli i Davidit) dhe një svastika në qendër. Ky simbol do të thotë "ajo që është lart është si ajo që është poshtë" dhe "gjithçka është ciklike". Ylli i Davidit përfaqëson pafundësinë në hapësirë, pafundësisht të madhin dhe pafundësisht të vogël, dhe svastika përfaqëson pafundësinë në kohë. Është sigurisht simboli më i vjetër që shfaqet në planetin tonë, pikërisht sepse është simboli i qytetërimit jashtëtokësor të Elohim, i cili krijoi të gjitha format e jetës në Tokë.

Kapitulli IV

Dobia e Krishtit

Konceptimi

Fillimi

Paralele Humane

Mrekullitë shkencore

Meritoni trashëgiminë

Konceptimi

Krishti duhej të përhapte të vërtetën e shkrimeve biblike në mbarë botën, në mënyrë që ato të shërbenin si provë kur epoka e shkencës do t'u shpjegonte gjithçka qenieve njerëzore dhe mbarë njerëzimit.

Më pas, krijuesit vendosën të lindnin një fëmijë, rezultat i bashkimit të një gruaje me një të tyren, në mënyrë që fëmija në fjalë të zotëronte nga trashëgimi disa aftësi telepatike që u mungojnë njerëzve.

(...) ajo e gjeti veten shtatzënë nga puna e Frymës së Shenjtë. (Mateu 1,18)

Me sa duket, të fejuarit të Marisë, tokësor i zgjedhur, e kishte pak të vështirë për të gëlltitur pilulën, por:

Ja, një engjëll i Zotit iu shfaq atij. (Mateu 1,20)

Një nga krijuesit erdhi për t'i shpjeguar se Maria po priste një fëmijë i "Zotit".

"Profetët" në kontakt me krijuesit erdhën nga larg për të parë "fëmijën hyjnor". Një nga objektet fluturuese të krijuesve i drejtoi ata:

(...) pamë yllin e tij të ngrihej dhe erdhëm t'i përulemi atij. (Mateu 2.2)

(...) dhe ja, ylli që ata panë duke u ngritur i parapriu, derisa erdhi dhe ndaloi mbi vendin ku ishte fëmija. (Mateu 2,9)

Dhe krijuesit e vëzhguan këtë fëmijë:

(...) ja, engjëlli i Zotit iu shfaq Jozefit në ëndërr dhe i tha: Çohu, merre fëmijën dhe nënën e tij me vete, ik në Egjipt dhe rri atje derisa të të paralajmëroj. Sepse Herodi kërkon fëmijën për ta vrarë. (Mateu 2:13)

Mbreti nuk e shikoi me dashamirësi këtë "mbret fëmijë" që i kishin shpallur "profetët", i cili kishte ardhur te populli me territori. Pas vdekjes së mbretit Herod, krijuesit e paralajmëruan Jozefin se ai mund të kthehej në Izrael:

Kur Herodi vdiq, një engjëll i Zotit iu shfaq në ëndërr Jozefit në Egjipt dhe i tha: "Çohu (...) dhe shko (...) në Izrael, sepse ata që kërkuan jetën e fëmijës kanë vdekur. (Mateu 2,19-20)

Fillimi

Kur arriti moshën madhore, krijuesit e morën Jezusin për të zbuluar se kush ishte, për ta prezantuar me Atin e tij, për të zbuluar misionin e tij dhe për ta iniciuar në teknika të ndryshme shkencore.

(...) u hapën qiejt; ai pa Frymën e Perëndisë duke zbritur si një pëllumb dhe duke ardhur mbi të. Dhe vini re një zë nga qielli që thotë: "Ky është djali im i dashur, në të cilin jam kënaqur. Pastaj, Jezusi u dërgua në shkretëtirë për t'u testuar nga djalli. (Mateu 3,16-17 dhe 4,1)

Djalli, Satani, është ky krijues për të cilin folëm më parë, gjithmonë i bindur se asgjë e mirë nuk mund të vijë nga qeniet njerëzore; Satani skeptik mbështetet nga kundërshtarët e qeverisë së planetit tonë të largët.

Satani e testoi Jezusin për të parë nëse inteligjenca e tij ishte pozitive dhe nëse i respektonte dhe i donte krijuesit. Pasi panë se mund t'i besohej, e lanë të shkonte për të përmbushur misionin e tij.

Që t'i bashkohej pjesa më e madhe e popullsisë, ai bëri "mrekulli". Në realitet, ai zbatoi mësimet shkencore që krijuesit i kishin dhënë më parë.

(...) kështu i sollën të gjithë të sëmurët... dhe ai i shëroi. (Mateu 4,24)

Lum të varfërit në shpirt. (Mateu 5.3)

Kjo frazë u përkthye padrejtësisht si: të lumtur janë të varfërit në shpirt. Kuptimi fillestar ishte: "të varfërit, nëse kanë talent, do të jenë të lumtur". Asgjë për të parë...

Pastaj u foli apostujve dhe u tha atyre se ata kishin për detyrë të përhapnin të vërtetën në botë. Në lutjen e quajtur "Ati ynë" e vërteta thuhet fjalë për fjalë:

Ardhtë mbretëria jote, u bëftë vullneti yt, në tokë ashtu si në qiell. (Mateu 6,10)
Në parajsë, në planetin e krijuesve, shkencëtarët përfunduan duke mbretëruar dhe krijuan qenie të tjera inteligjente. Në Tokë e njëjta gjë do të ndodhë. Pishtari do të rifillojë. Kjo lutje, e përsëritur pa kuptuar domethënien e saj të thellë, tani merr kuptimin e plotë: "në tokë si në qiell".

Ndër të tjera, Jezusi ishte mësuar gjithashtu se si të fliste në mënyrë bindëse, falë një forme hipnoze telepatike në grup:

Kur Jezusi i mbaroi këto fjalime, turmat mbetën të habitura nga mësimet e tij, sepse ai i mësonte si një që ka autoritet dhe jo si skribët e tyre. (Mateu 7,28-29)

Ai vazhdoi të shëronte të sëmurët me ndihmën e krijuesve, të cilët vepronin në distancë me rreze të përqendruara:

(...) u afrua një lebroz (...) Jezusi zgjati dorën e tij, e preku dhe i tha: Unë dua, të pastrohemi. Dhe menjëherë u pastrua nga lebra e tij. (Mateu 8,2-3)

E njëjta gjë ndodhi me të paralizuarin. Ishte një operacion në distancë i kryer falë një rreze të përqendruar e cila është frymëzuar nga parimi i lazerit, por që djeg vetëm një pikë të saktë në një thellësi të saktë.

(...) ngrihu dhe ec (...) dhe u ngrit. (Mateu 9,5-7)

Më tej, te Mateu, Jezusi shpall misionin e tij:

(...) Unë nuk kam ardhur të thërras të drejtët, por mëkatarët. (Mateu 9,13)

Ai nuk erdhi për popullin e Izraelit, i cili e di ekzistencën e krijuesve, por që kjo njohuri të shtrihet në të gjithë botën.

Më tej ndodhin "mrekulli" të tjera, të ngjashme me të parat dhe të gjitha të bazuara në njohuri të sakta mjekësore. Në ditët e sotme, transplantimi i një zemre apo ndonjë gjymtyre, shërimi nga lebra apo sëmundje të tjera të ngjashme, dalja nga koma falë trajtimeve të duhura, konsiderohen mrekulli nga ata që i përkasin një popullate primitive. Në atë kohë, njerëzit ishin të ngjashëm me këta primitivë dhe krijuesit ishin të krahasueshëm me burrat e kombeve tuaja të "civilizuara", vetëm pak më të evoluar shkencërisht.

Më tej, ka një aludim për krijuesit, mes të cilëve është edhe babai i vërtetë i Jezusit.

Të gjithë ata që më njohin përpara njerëzve, do ta njoh edhe unë përpara atit tim që është në qiej. (Mateu 10:32)

"Përpara Atit tim që është në qiej". Gjithçka thuhet këtu. Nuk kemi të bëjmë me një "Zot" të paprekshëm apo jomaterial. Ai është "në parajsë". Gjë që është dukshëm e pakuptueshme për qeniet që besonin se yjet vareshin nga kasaforta qiellore si drita të bukura dhe se ata gravitonin rreth qendrës së botës: Tokës. Tani, megjithatë, me ardhjen e udhëtimit në hapësirë dhe të kuptuarit e pafundësisë së universit, tekstet ndriçohen nga një dritë krejtësisht tjetër.

Paralele Humane

Në Ungjillin sipas Mateut, në kapitullin 13, ka një pasazh me rëndësi të madhe në të cilin Jezusi, duke përdorur një shëmbëlltyrë, shpjegon:
Ja, mbjellësi ka dalë për të mbjellë. (Mateu 13,3)
Krijuesit u larguan nga planeti i tyre për të krijuar jetë në një
Nje bote tjeter.
(Disa fara) kanë rënë gjatë rrugës; dhe zogjtë (...) i hëngrën. (Mateu 13,4)

Të tjerët ranë në një vend të gurtë, ku nuk kishte shumë dhe; (...) por, në lindjen e diellit, ato u dogjën (...). (Mateu 13,5-6)

Të tjerë kanë rënë në gjemba; dhe gjembat (...) i mbytën... (Mateu 13:7)

Të tjerë kanë rënë në tokë të mirë dhe kanë dhënë fryt, këta njëqind, ata gjashtëdhjetë, ata të tjerët tridhjetë. Kush ka veshë, kupton! (Mateu 13,8-9)

Ky është një aludim për përpjekjet e ndryshme për të krijuar jetë në planetë të tjerë. Tri përpjekje dështuan: e para për shkak të "zogjve" që erdhën për të gllabëruar farat, në realitet një dështim për shkak të afërsisë së tepërt të këtij planeti me planetin e origjinës së krijuesve. Ata që kundërshtuan krijimin e qenieve njerëzore si ata, dhe që e panë atë si një kërcënim të mundshëm, erdhën për të shkatërruar krijimin. Përpjekja e dytë u bë në një planet të vendosur shumë afër një dielli që ishte shumë i nxehtë dhe rrezatimi i dëmshëm i të cilit shkatërroi krijimin. Përpjekja e tretë, megjithatë, u bë "mes gjembave", në një planet shumë të lagësht, mbi të cilin mbretëria e perimeve mori përsipër, duke shkatërruar ekuilibrin dhe mbretërinë e kafshëve. Kjo botë e vetme perimesh ekziston ende.

Më në fund, përpjekja e katërt ishte e suksesshme, "në tokë të mirë". Dhe, më e rëndësishmja, pati tre suksese, që do të thotë se në dy planetë të tjerë relativisht afër ka qenie të ngjashme me qeniet njerëzore dhe të krijuara nga të njëjtët krijues.

"Kush ka veshë, kupton!": kuptoni kush do të mundet. Kur të kenë ardhur koha, ata që kërkojnë do ta kuptojnë. Të tjerët, ata që shikojnë pa parë dhe dëgjojnë pa dëgjuar apo kuptuar, nuk do ta kuptojnë të vërtetën.

Ata që për veten e tyre do të kenë dëshmuar inteligjencën e tyre dhe që do të jenë të denjë për t'u ndihmuar nga krijuesit, do të ndihmohen:

(...) kujtdo që ka, do t'i jepet dhe do të jetë me bollëk; por atij që nuk ka, do t'i hiqet edhe ajo që ka. (Mateu 13,12)

Popujt që nuk arrijnë të provojnë inteligjencën e tyre do të shkatërrohen. Tani, qeniet njerëzore janë në prag të dëshmimit se janë të denjë të pranohen nga krijuesit e tyre si vetvetja të barabartë; u mungon... vetem pak dashuri. Dashuria mes tyre dhe mbi të gjitha ndaj krijuesve të tyre.

(...) ju është dhënë të njihni misteret e mbretërisë së qiejve...(Mateu 13,11)

Tre planetët në të cilët u krijua jeta janë vënë përballë njëri-tjetrit. Planeti mbi të cilin njerëzimi do të bëjë përparimet më të mëdha shkencore, duke dëshmuar kështu inteligjencën e tij, një ditë do të mund të përfitojë nga trashëgimia e krijuesve, me kusht që të mos jetë agresiv ndaj tyre. Ai do ta marrë këtë trashëgimi në ditën e "gjykimit të fundit", kur të ketë marrë një nivel të mjaftueshëm njohurish. Dhe njerëzit e Tokës janë sot jo shumë larg këtij momenti.

Gjeniu njerëzor është "(...) më i vogli nga të gjitha farat, por, pasi rritet, është më i madhi nga perimet, bëhet pemë dhe zogjtë e qiellit vijnë të folezojnë midis degëve të tij". (Mateu, 13:32)

"Zogjtë e qiellit": krijuesit do të vijnë të "folezojnë" në degët e tij, ata do t'i sjellin njohuritë e tyre tek njerëzit, kur ata të jenë treguar të denjë për të.

Mbretëria e qiejve i ngjan majasë që gruaja (...) e ka fshehur në tri masa mielli, derisa të bëhet maja. (Mateu 13:33)

Një aludim i ri për tre botët, krijuesit e të cilave presin hyrjen në epokën shkencore.
(...) Unë do të shpall atë që ka qenë e fshehur që nga themelimi i botës. (Mateu 13:35)

Sepse këtu qëndron një nga gjërat më të rëndësishme. Planetët kanë jetën e tyre dhe një ditë ata nuk janë më të banueshëm. Deri atëherë, një njerëzim duhet të ketë arritur një nivel shkencor që e lejon atë të ndërmarrë transferimin në një planet tjetër. Përndryshe, ajo duhet të jetë në gjendje të krijojë një formë jete humanoide që është e përshtatshme për një botë tjetër, në mënyrë që njerëzimi të mbijetojë edhe nëse ai njerëzim nuk mund të përshtatet diku tjetër. Nëse mjedisi nuk është i përshtatshëm për qeniet njerëzore, është e nevojshme të krijohet një qenie njerëzore e përshtatshme për mjedisin. Për shembull, përpara zhdukjes, njeriu do të duhet të krijojë një racë tjetër njerëzish që është të aftë për të jetuar në një planet me një atmosferë krejtësisht të ndryshme dhe që do të trashëgojnë të gjitha njohuritë e tyre përpara zhdukjes së krijuesve.

Për të mos humbur trashëgiminë, krijuesit kanë vendosur jetën në tre botë dhe vetëm më të mirët do të kenë të drejtën e trashëgimisë së tyre:

(...) në fund të kohës: engjëjt do të vijnë dhe do të ndajnë të ligjtë nga radhët e të drejtëve (...). (Mateu 13,49)

Kalimi i shumëzimit të bukëve është shpjeguar tashmë më lart. Këto janë ushqime të koncentruara në formën e pilulave të mëdha, njësoj si ato të përdorura nga kozmonautët tuaj dhe që përmbajnë të gjithë lëndët ushqyese të nevojshme për jetën. Prej këtu rrjedhin "mikpritësit" dhe forma e tyre, e cila ngjan me atë të një pilule. Në ekuivalentin e disa bukës ka mjaftueshëm për të ushqyer mijëra qenie njerëzore.

Mrekullitë shkencore

Kur Jezusi ecën mbi ujë, krijuesit e mbështesin atë me një rreze anti-graviteti që anulon efektet e gravitetit në një pikë të saktë.
(...) ai erdhi drejt tyre, duke ecur mbi det. (Mateu 14:25)
Kjo teknologji, nga ana tjetër, krijon një turbulencë që është e mirë përshkruar në këtë fjali:

(...) por duke parë erën (Pjetri) u tremb dhe (...) sapo hipën në barkë, era pushoi. (Mateu 14,30-32)

"Era ndaloi" kur ata hipën në barkë, sepse trau u pre kur Jezusi ishte në të. Përsëri një mrekulli krejtësisht shkencore. Mrekullitë nuk ekzistojnë, ka vetëm dallime në qytetërim. Edhe ju do të bënit mrekulli në sytë e njerëzve, edhe me nivelin tuaj të kufizuar shkencor, nëse do të zbrisnit në kohën e Jezusit me një anije kozmike ose me një helikopter të thjeshtë. Ju do t'i mahnitni ata duke krijuar, për shembull, një dritë artificiale kur mbërrini nga qielli, duke ngarë një makinë, duke parë televizor ose duke vrarë një zog me ndihmën e një pushke. Në fakt, ata nuk do të ishin në gjendje të kuptonin në shikim të parë mekanizmin që animon pajisjet tuaja dhe do të shihnin në të një forcë "hyjnore" ose të mbinatyrshme.

Ju mund t'i thoni vetes se i njëjti hendek që ekzistonte mes jush dhe njerëzve të kohës së Jezusit ekziston ende mes nesh dhe jush. Ne ende mund të bëjmë gjëra që do t'ju dukeshin si "mrekulli". Por më të avancuarit prej jush nuk do t'i merrnin më plotësisht për "mrekulli", pasi për nja dhjetë vjet ju keni hyrë në rrugën e zhvillimit shkencor. Si rezultat, ju do të kërkoni arsyen e gjërave në vend që të përuleni marrëzisht në bark me oferta.

Në çdo rast, njohuritë tona janë të tilla që as shkencëtarët tuaj më të shquar nuk mund të shihnin se si i kryejmë këto "mrekulli", nëse do t'i bënim. Ndoshta disa mendje shumë të zhvilluara nuk do të tmerroheshin, por paniku do të pushtonte turmat. Nga ana tjetër, sa i përket këtyre turmave që nuk janë më të habitur, kemi ende diçka për t'i habitur. Tani, megjithatë, ata duhet të dinë se nuk ka "Zot" jomaterial dhe se në vend të kësaj ka qenie njerëzore që kanë krijuar qenie të tjera njerëzore sipas imazhit të tyre.

Në kapitullin 17 të Mateut, krijuesit shfaqen përsëri:

(...) në një mal të lartë, veç (...) (Jezusi) u shpërfytyrua para tyre (Pjetrit, Jakobit dhe Gjonit), fytyra e tij shkëlqeu si dielli, rrobat e tij u bënë të bardha si drita. Dhe ja, ata panë Moisiun dhe Elijan duke folur me të (...) kur një re e ndritshme i mbuloi dhe, nga reja, një zë tha: Ky është djali im, (...) dëgjoni atë. (Mateu 17,1-5)

Kjo skenë zhvillohet natën dhe apostujt janë të gjithë të frikësuar kur shohin Jezusin të ndriçuar nga projektuesit e fuqishëm të objektit fluturues nga i cili dalin Moisiu dhe Elia, të mbajtur gjallë falë pemës së jetës nga e cila përfituan. Pavdekësia është një realitet shkencor, edhe nëse nuk korrespondon me idenë që ka njeriu për të.

Shprehja *"i pari do të jetë i fundit dhe i fundit do të jetë i pari"* (marrë nga Mateu 19:30) do të thotë se të krijuarit do të bëhen krijues, ashtu siç u krijuan edhe krijuesit.

Meritoni trashëgiminë

Në Ungjillin sipas Mateut thuhet edhe një herë se të tre planetët duhet të bëjnë përparim shkencor dhe se të gjitha këto një ditë do të gjykohen. Prandaj shëmbëlltyra:

Një burrë, duke u nisur në një udhëtim, ua besoi pasurinë e tij tre skllevërve të tij. I pari mori pesë talenta, i dyti dy talenta dhe i treti një talent. Kur u kthye i zoti: i pari i ktheu pesë talentat dhe i tregoi pesë të tjerat që kishte fituar me këto; i dyti i ktheu dy talentat, plus dy që kishte fituar; i treti i ktheu vetëm talentin që i ishte besuar. "Hiqni, pra, talentin e tij dhe jepja atij që ka dhjetë talenta. Sepse atij që ka, do t'i jepet dhe do të jetë me bollëk; por kush nuk ka, do t'i hiqet edhe ajo që ka". (Mateu 25,14-29)

Nga tre botët mbi të cilat u krijua jeta, bota që ka bërë përparimin më të madh do të marrë trashëgiminë. Ai që nuk ka bërë asnjë përparim do t'i nënshtrohet tjetrit dhe do të mposhtet.

Kjo është gjithashtu e vërtetë midis popujve në Tokë.

Në kapitullin 26, Jezusi zbulon rëndësinë e vdekjes së tij dhe të shkrimeve të shenjta që, në të ardhmen, do të jenë të destinuara të japin dëshmi. Kur dikush prej tij dëshiron ta mbrojë me shpatë, ai përgjigjet:

Fute shpatën në këllëf (...) A mendon se nuk mund t'i apeloja babait tim, i cili do të më vinte menjëherë në dispozicion më shumë se dymbëdhjetë legjione engjëjsh? (Mateu 26,52-53)

Por si do të mbusheshin shkrimet e shenjta? Sepse kështu duhet të jetë. (Mateu 26,54)

Në të vërtetë, është e nevojshme që Jezusi të vdesë dhe e vërteta të përhapet në Tokë, në mënyrë që krijuesit të mos merren për uzurpatorë apo pushtues ditën që do të kthehen në këtë planet. Dobia e shkrimeve biblike dhe ungjillore është pikërisht kjo: të mbajnë gjurmët e punës dhe pranisë së krijuesve, në mënyrë që ata të njihen kur të kthehen.

Jezusi, dikur i vdekur, "u ringjall" falë ndërhyrjes së krijuesve:

(...) pati një tronditje të madhe, sepse një engjëll i Zotit zbriti nga qielli, u afrua, rrokullisi gurin (që mbyllte varrin e Jezusit) dhe u ul mbi të. Ajo kishte pamjen e rrufesë dhe veshja e saj ishte e bardhë si bora. (Mateu 28,2-3)

Krijuesit shërojnë dhe ringjallin Jezusin dhe ai tha:

Shkoni, pra (thuajuni të gjitha këto) të gjitha kombeve, bëni dishepuj prej tyre (...) mësojini të zbatojnë gjithçka që ju kam urdhëruar. (Mateu 28,19-20)

Misioni i Jezusit është kryer.

(...) pasi foli me ta, u ngrit në qiell (...). (Marku 16:19)

Krijuesit e larguan pasi shqiptoi këtë fjali të fundit, kaq të rëndësishme:

Do të kenë ardhur kohët kur njerëzit do të marrin gjarpërinjtë, do të pinë helme të padëmshme, do të vënë duart mbi të sëmurët dhe do të bëjnë prej tyre burra të shëndetshëm. (Marku 16,18)

Do të kenë ardhur kohët kur qeniet njerëzore do të dinë për antihelmet dhe kundërhelmet, kur kanë zhvilluar operacione, etj. Kjo është pikërisht ajo që po ndodh sot.

Para se të kthehen, krijuesit do të shfaqen gjithnjë e më shpesh për t'u përgatitur për ardhjen e tyre dhe për të krijuar interes rreth këtyre zbulimeve, ashtu siç po ndodh tani.

Shikoni fikun (...) kur lastarët rriten, vera nuk është larg. (Luka 21,29-30)

Kur objektet fluturuese të paidentifikuara shfaqen në numër të madh, siç ndodh sot, kjo ndodh sepse kanë ardhur kohët.

Në Veprat e Apostujve, kapitulli 2, thuhet gjithashtu:

Ditën e Rrëshajëve (apostujt) ishin (...) bashkë, (...) kur papritmas erdhi një zhurmë nga qielli, si ajo e një fryrje të fortë ere, e cila mbushi të gjithë shtëpinë ku ata ishin ulur, dhe ata panë gjuhë si prej zjarri që ndaheshin dhe qëndronin mbi secilin prej tyre, dhe të gjithë u mbushën me Fryma e

Shenjtë dhe filloi të flasë në gjuhë të tjera. (Veprat e Apostujve 2,1-4)

Krijuesit, falë një mësimi të ngjeshur dhe të transferuar me shpejtësi falë valëve telepatike të përforcuara dhe të aplikuara me një metodë të ngjashme me elektroshokun, ngulitin elementët e gjuhëve të tjera në kujtesën e apostujve. Kështu ata do të jenë në gjendje të përhapin të vërtetën në mbarë botën.

Në Veprat e Apostujve, është gjithashtu e nevojshme të përmenden shfaqjet e krijuesve, "engjëjt", të cilat ndodhën në raste të ndryshme, dhe veçanërisht në episodin e çlirimit të Pjetrit, të lidhur me zinxhir nga Herodi:

Dhe ja, një engjëll i Zotit iu paraqit dhe një dritë shkëlqeu në burg. Engjëlli e zgjoi Pjetrin duke i prekur brinjën dhe i tha: "Çohu shpejt!". Dhe zinxhirët i ranë nga duart. Engjëlli i tha: "Vëre brezin dhe vendos sandalet"; dhe kështu bëri. Engjëlli i tha përsëri: "Mbuloje mantelin dhe më ndiq!" Pjetri doli dhe e ndoqi pa e ditur se ajo që po ndodhte me anë të engjëllit ishte e vërtetë: në fakt ai besonte se kishte një vegim. (Veprat e Apostujve 12,7-9)

Pjetri, primitiv siç ishte, përballë zinxhirëve të tij që bien vetë, beson se ka një vizion. Ai nuk e njeh pishtarin elektronik lazer që përdor një nga krijuesit. Kur ndodhin gjëra të tilla fantastike, njeriu mendon se është duke ëndërruar. Për këtë arsye shpesh thuhet se ai që i ka parë krijuesit ka pasur një vegim, se i ka parë në ëndërr. Shpesh, e njëjta gjë thuhet për ata që vërtet i shohin objektet tona fluturuese. Pretendohet se ata kishin halucinacione. Në këtë pasazh, shpjegohet qartë se Pjetri besonte se po ëndërronte, por se gjithçka ishte e vërtetë!

Ata... arritën te dera e hekurt (e cila) u hap vetë (...) dhe befas engjëlli e la atë. (Veprat e Apostujve 12:10)

Një tjetër shenjë se kohët kanë ardhur është se populli i Izraelit e ka gjetur përsëri vendin e tij:

Pas këtyre gjërave, unë do të kthehem dhe do të rindërtoj çadrën e Davidit që kishte rënë. (Veprat e Apostujve 15,16)

Ne gjejmë një fjali tjetër të rëndësishme në një kapitull që vijon:

"Në të vërtetë, ne jemi nga gjinia e tij" (Veprat e Apostujve 17:28), thotë një apostull duke folur për Perëndinë.

Nuk do të vazhdojmë të lexojmë pjesën tjetër të ungjijve, ku ka ende shumë aludime për krijuesit, por të një rëndësie të vogël.

Në dritën e shpjegimeve që kam dhënë deri tani, ju vetë do të mund t'i përktheni ato për ata që ju bëjnë pyetje.

Dhe u nis përsëri, si herët e mëparshme.

Kapitulli V

Fundi i botës

1946: Viti 1 i Epokës së Re

Fundi i Kishës

Krijimi i shtetit të Izraelit

Gabimet e Kishës

Në origjinën e të gjitha feve

Njeriu: një sëmundje e universit

Evolucioni: një mit

1946: Viti 1 i Epokës së Re

Të nesërmen u kthye si më parë dhe foli.

"Ka ardhur koha e fundit të botës. Jo i fundit të botës për shkak të një katastrofe që do të shkatërrojë Tokën, por fundi i botës së Kishës, e cila e ka bërë pak a shumë mirë punën e saj, por që e ka bërë. Një vepër popullarizimi që do të lejojë që krijuesit të njihen kur të vijnë. Siç e keni vënë re, Kisha e Krishterë po vdes. Është fundi i kësaj bote, sepse ajo e ka përmbushur misionin e saj duke bërë një numër të caktuar gabimesh dhe duke dashur të hyjnizojë krijuesit për një kohë të gjatë.

Kjo mund të kishte shkuar mirë deri në qytetërimin shkencor, në të cilin do të duhej të jepej një timon nëse e vërteta, ajo autentike, do të ishte ruajtur dhe dikush do të ishte në gjendje të lexonte midis rreshtave. Por ata bënë shumë gabime. E gjithë kjo ishte e parashikuar dhe ato do të shemben, pasi nuk janë më të dobishme.

Në vendet e përparuara shkencërisht, trishtimi tashmë po gërryen popullatat që nuk besojnë më në asgjë. Nuk është më e mundur të besosh te "Zoti i mirë" mjekërbardhë, i vendosur mbi një re dhe i gjithëpranishëm "Zoti i mirë" tek i cili donin të besosh, as te engjëjt simpatikë, të vegjël mbrojtës apo djallin me brirë dhe thundra... Atëherë don nuk dini çfarë të besoni. Vetëm disa të rinj e kuptuan se dashuria ishte primordiale.

Ju keni ardhur në epokën e artë. Ju, njerëzit e Tokës, fluturoni drejt qiejve dhe dërgoni zërin tuaj në katër anët e planetit me anë të valëve të radios: ka ardhur koha që të zbulohet e vërteta.

Siç është shkruar, gjithçka po ndodh tani që Toka ka hyrë në shenjën e Ujorit. Disa burra e kishin shkruar tashmë, por nuk u besohej. Gjithçka është parashikuar për njëzet e dy mijë vjet, që kur krijuesit vendosën të kryejnë punën e tyre në Tokë, sepse lëvizja e galaktikës presupozon këtë njohuri. Peshqit ishin Krishti dhe peshkatarët e tij, ndërsa Ujori, që vijon, filloi në vitin 1946, koha kur populli i Izraelit rizbuloi kombin e tyre:

Atë ditë, një zhurmë e madhe do të vijë nga Porta e Peshkut. (Sofonia 1,10) Porta e Peshkut është kalimi në epokën e re të Ujorit. Momenti, në ditën e ekuinoksit pranveror, kur dielli lind në Tokë "në Ujor". Zhurma që do të bëjë ky zbulim është zhurma e zhurmshme. Dhe nëse keni lindur në vitin 1946 nuk është rastësi.

Fundi i Kishës

Kjo zbulesë, falë dritës që sjell, do t'i kthejë shpresën dhe lumturinë të trishtuarve. Por do të përshpejtojë gjithashtu rënien e Kishës nëse ajo nuk e kupton gabimin e saj dhe nuk e vendos veten në shërbim të së vërtetës.

Sepse tiranit do t'i vijë fundi, tallësi do të zhduket dhe ata që komplotojnë paudhësi do të eliminohen: ata që me deklaratat e tyre e bëjnë njeriun fajtor, i ngrenë kurthe atij që, pranë portës, shqipton dënimin dhe zëvendëson në mënyrë të paligjshme të Drejtën. . (Isaia 29,20-21)

Është fundi i atyre që i bëjnë njerëzit të besojnë në mëkatin fillestar dhe e bëjnë njeriun fajtor. Fundi i atyre që i ngrenë kurthe atij që do të përhapë të vërtetën në momentin e "Derës" së Peshqve, në kalimin në epokën e Ujorit, të përpiqet të shpëtojë Kishën ashtu siç ishte dhe të zëvendësojë të drejtët, ai që thotë atë që është e drejtë, ai që flet ose shkruan të vërtetën. Ashtu si ata që, të bindur për të mbrojtur diçka të vërtetë, pa u përpjekur megjithatë ta kuptojnë, e kryqëzuan Jezusin nga frika se mos e shihnin veten të shkatërruar dhe të asgjësuar në momentin e kalimit në epokën e Peshqve.

Sytë e atyre që shohin nuk do të mbyllen më dhe veshët e atyre që dëgjojnë do të jenë të vëmendshëm (...) budallai nuk do të cilësohet më si fisnik dhe mashtruesi nuk do t'i thuhet më se është i madh. (Isaia 32,3-5)

Meqenëse budallai shqipton marrëzi dhe zemra e tij komploton paudhësi për të kryer ligësi, ai i drejton fjalë të gabuara Jahvè, ai e lë shpirtin e të uriturit bosh dhe e lë lërë bosh shpirtin e të uriturit dhe le

të eturit i mungon pija. Sa i përket mashtruesit, mashtrimet e tij janë kriminale, është ai që me fjalë gënjeshtare komploton të asgjësojë të varfërin, ndërsa nevojtari shtron çështjen e tij.

Por ai që është fisnik planifikon vepra fisnike; është ai që do të ngrihet për vepra fisnike. (Isaia 32,6-8)

Atëherë, të gjithë do ta kuptojnë dhe "sytë nuk do të mbyllen më kurrë". Kisha që i drejton fjalime të gabuara Zotit dhe i lë bosh shpirtrat e atyre që janë të uritur për të vërtetën, është ajo që harton plane për të asgjësuar të varfërit, për të siguruar që ata që nuk mund të kuptojnë ose nuk guxojnë të kuptojnë, t'i qëndrojnë besnikë asaj, nga frika e "mëkatit", shkishërimi apo marrëzive të tjera. Ndërsa nevojtarët ekspozojnë kauzën e tyre, ndërsa ata që nuk kanë inteligjencë të mjaftueshme për të kuptuar të vërtetën ngrihen si mbrojtës të gënjeshtrave të Kishës, me këshillën e saj. Por kushdo që është fisnik, kush e thërret të vërtetën me zë të lartë, planifikon vepra fisnike, edhe nëse nuk ka pëlqimin e Kishës së njerëzve që po vdes.

Nuk e dini, nuk e keni dëgjuar, nuk ju është njoftuar që në fillim? Nuk e kuptoni themelin e Tokës? (Isaia 40,21)
Këtu është shërbëtori im të cilin unë e mbështes, i zgjedhuri im në të cilin jam i kënaqur. Unë vura shpirtin tim mbi të. Ai do t'u bëjë të njohur kombeve një gjykim. (Isaia 42,1)

Ju jeni ai që do të përhapni të vërtetën në të gjithë botën, këtë të vërtetë që ju është zbuluar prej disa ditësh.

Nuk do ta thyejë tytën e përkulur, nuk do ta shuajë flakën që po dobësohet. (Isaia 42,3)

Ai nuk do të jetë në gjendje të shkatërrojë plotësisht Kishën dhe gënjeshtrat e saj, por ajo do të shuhet vetë. Nga ana tjetër, tashmë prej disa kohësh kjo zhdukje ka filluar. "Flaka po dobësohet". E ka kryer misionin e saj, ka ardhur koha që të zhduket. Ajo bëri gabime dhe u pasurua shumë nga e vërteta, pa u përpjekur ta interpretonte qartë për qeniet njerëzore të kësaj epoke. Por mos e fajësoni shumë, sepse është falë saj që Bibla, një dëshmi e së vërtetës, është tashmë e disponueshme në të gjithë botën. Megjithatë, gabimet e tij janë të mëdha, veçanërisht ato që ka vënë shumë të mbinatyrshme në të vërtetën dhe për të përkthyer gabimisht shkrimet biblike, duke zëvendësuar, në Bibla.

e zakonshme, fjala "Elohim", e cila përcakton krijuesit, me termin njëjës "Zot". Fjala Elohim, në hebraishten e lashtë, është shumësi i Eloha. Krijuesit u shndërruan kështu në një Zot unik dhe të pakuptueshëm. Një gabim tjetër ishte që njerëzit të adhuronin një copë druri në formën e një kryqi, në kujtim të Jezu Krishtit. Kryqi nuk është Krishti. Një copë druri e kryqëzuar nuk do të thotë asgjë.

Nuk e rikonsideron në zemër, nuk ka as dije e as inteligjencë të thotë: "Gjysmën e kam djegur në zjarr, edhe bukën e kam pjekur në prush; E kam pjekur mishin që kam ngrënë dhe nga mbetjet do të bëj një gjë të neveritshme. Unë do të dua një copë druri! (Isaia 44,19)

Krijimi i shtetit të Izraelit

Kthimi i popullit hebre në Izrael është një nga shenjat e ardhjes së epokës së artë. Ishte shkruar:

Unë do të sjell prejardhjen tuaj nga Lindja dhe nga Perëndimi do t'ju mbledh. Unë do t'i them veriut: hajde! Dhe në mesditë: mos u përmba! Sillni djemtë e mi nga larg dhe bijat e mia nga skajet e tokës, të gjithë ata që mbajnë emrin tim dhe që unë i krijova, formova dhe bëra për lavdinë time! (Isaia 43,5-7)

Është, në fakt, krijimi i Shtetit të Izraelit, i cili mirëpret hebrenjtë e Veriut dhe Jugut. Ai përshkruan gjithashtu faktin se Bibla, e ruajtur nga populli hebre, do të shërbejë si një dëshmi kur të vijnë krijuesit:

Ju jeni dëshmitarët e mi! (Isaia 43,10)

Nxirrni të verbërit që kanë edhe sy, të shurdhërit që kanë edhe veshë. Le të mblidhen të gjitha kombet, le të mblidhen popujt! Kush prej tyre e paratha këtë dhe le të dëgjojmë lajmërimin e ngjarjeve të para? Që ata i paraqesin dëshmitarët e tyre të kenë të drejtë, që dëgjojnë dhe thonë: është e vërtetë! (Isaia 43,8-9)

Ju jeni dëshmitarët e mi! orakull i Jahve, dhe ti je shërbëtori im që kam zgjedhur, që ta dish, që të besosh në mua dhe të kuptosh se unë jam i njëjti (...) Sa për ty, ti je im dëshmitarë, orakull i Jahvé, dhe unë jam Zoti: edhe sot jam i njëjti. (Isaia 43,10-13)

"Ju jeni dëshmitarët e mi", nuk është kjo e qartë? Në këtë ditë mund t'i përsëris asaj: "Sot jam i njëjti", falë dëshmisë së ruajtur në këtë Bibël që ajo mban në duar.

Për një moment të shkurtër ju kisha braktisur, por do t'ju bashkoj me shumë dhembshuri. (Isaia 54,7)

Populli i Izraelit në fakt e ka gjetur sërish vendin e tij, pasi ka kontribuar në ruajtjen e së vërtetës.

Parashikoheshin gjithashtu kohët në të cilat njeriu, falë shkencës, do të kishte dominuar sëmundjen:

Nuk do të ketë më foshnje që jetojnë vetëm disa ditë, as pleq që nuk arrijnë plotësinë e ditëve të tyre (...). (Isaia 65,20)

Sot, mjekësia i lejon qeniet njerëzore të triumfojnë mbi sëmundjet, dhe veçanërisht mbi vdekshmërinë foshnjore.

Në buzët e njeriut inteligjent është urtësia, por në kurrizin e të pashpirtit është shkopi. (Proverbat 10,13)

Gabimet e Kishës

Kisha ka bërë pa dyshim një gabim duke fajësuar njeriun dhe duke e bërë atë të lutet pa u përpjekur ta kuptojë.

Në lutjet tuaja mos përsëritni gjithmonë të njëjtat fjalë si paganët. Ata besojnë se me bisedën e tyre do të dëgjohen. (Mateu 6,7)

Pavarësisht se Ungjijtë e paralajmërojnë atë, Kisha e ka pasuruar veten shumë. Në vend të kësaj shkruhej:

Askush nuk mund t'u shërbejë dy zotërinjve: sepse ose do ta urrejë njërin dhe do ta dojë tjetrin, ose do të kapet pas njërit dhe do të përçmojë tjetrin. Ti nuk ju mund t'i shërbeni Perëndisë dhe Mamonit*. Mos grumbulloni thesare në tokë (...). (Mateu 6,24 dhe 19)

Mos kini as ar, as argjend, as monedha në brezat tuaj; pa çanta udhëtimi, pa tunikë të dytë, pa sandale, pa shkop. (Mateu 10, 9-10)

Me rregullat e tyre budallaqe dhe të premteve të tyre të dobëta, ata nuk kanë jetuar sipas Ungjillit të tyre:
Nuk është ajo që hyn në gojë që përdhos njeriun, por ajo që del nga goja, është ajo që përdhos njeriun. (Mateu 15:11)

Si guxojnë këta burra, që janë vetëm burra, të shijojnë pasurinë dhe luksin e Vatikanit, kur ungjijtë e tyre u thonë se nuk zotërojnë "as ar, as argjend" dhe as një "tunik të dytë"? Si guxojnë të predikojnë mirësinë?

Dhe Jezusi u tha dishepujve të vet: Në të vërtetë po ju them, është e vështirë për një të pasur të hyjë në mbretërinë e qiejve. (Mateu 19:23)

Madje, ata i lidhin barra të rënda dhe i vendosin mbi shpatullat e meshkujve, por nuk duan t'i lëvizin as me gisht. Ata i bëjnë të gjitha punët e tyre për t'u admiruar nga burrat (...) i duan vendet e para në banket (...) dhe për t'u përshëndetur (...) Ju të tjerët (...) keni vetëm një mësues dhe jeni të gjithë vëllezërit. Asnjë nga ju në tokë mos e quani baba, sepse vetëm një është babai juaj, ai në qiell. Dhe mos lejoni që të quheni mjeshtër, sepse keni vetëm një mjeshtër, Krishtin. Por më i madhi ndër ju do të jetë shërbëtori juaj. (Mateu 23,4-11)

Megjithatë, kjo është shkruar në Ungjijtë e tyre. Si guxon Kisha t'i shtypë qeniet njerëzore me gjoja mëkate, kur bëhet fjalë vetëm për koncepte të ndryshme të zakoneve dhe mënyrave të jetesës? Si guxoni të flisni për mirësinë dhe të jetoni në pasurinë e Vatikanit, edhe pse qeniet e tjera njerëzore po vdesin nga uria? Si guxojnë njerëzit e kishës të predikojnë përulësi dhe më pas të ftohen të kërkojnë nderime? Çfarë guximi kanë ata që ta quajnë veten babai im, Shkëlqesia Juaj apo Shenjtëria juaj, kur vetë Ungjijtë e tyre e ndalojnë këtë?

- Mamon: pasuri në aramaisht.
-

Nëse nesër Papa do të merrte rrugën me shalë të tij, Kisha do të kthehej në jetë. Por me një qëllim humanitar, krejtësisht të ndryshëm nga ai që ka qenë i juaji deri më tani: domethënë përhapja e asaj që duhet të shërbejë si provë sot. Ky mision ka përfunduar, por Kisha mund të rikthehet në rrugën e mirësisë, të ndihmës së popullsive fatkeqe, të ndihmës në përhapjen e fytyrës së vërtetë të shkrimeve të deformuara ose të mbajtura sekrete deri tani. Madhështia e mendjes së disa njerëzve të Kishës do të gjente kështu përmbushjen e saj. Prandaj është e nevojshme që Vatikani të japë shembull, të shesë të gjithë pasurinë e tij në favor të kombeve të pazhvilluara dhe të shkojë atje për të ndihmuar qeniet njerëzore të përparojnë, duke ofruar duart e tyre për të punuar dhe jo më vetëm "fjalën e mirë".

Është e papranueshme që të ketë kategori të ndryshme dasmash dhe mbi të gjitha funerale sipas pasurisë së burrave. Një gabim tjetër i kishës. Por kohët kanë ardhur!

Në origjinën e të gjitha feve

Gjurmët e së vërtetës nuk ekzistojnë vetëm në Bibël dhe Ungjij. Provat mund të gjenden pothuajse në të gjitha fetë. Kabala, në veçanti, është një nga librat më të pasur me prova, por nuk do të kishte qenë e lehtë për të që të merrte një kopje. Nëse një ditë ai mund të gjejë një kopje të tij, ai do të shohë në të një numër të madh aludimesh për ne.

Në veçanti, në Këngën e Këngëve (V) ka një përshkrim të planetit të krijuesve, si dhe distancën që e ndan atë nga Toka. Ju thuhet se "lartësia e krijuesit" është 236.000 "parakëndësh" dhe se "lartësia e thembrave të tij" është 30 milionë "parakëndësh". Parasang i cili, si parsec, është një njësi matëse, është e barabartë me distancën që përshkon drita në një sekondë, pra rreth 300,000 kilometra.

Planeti ynë është tridhjetë milionë parasang larg, ose rreth nëntë trilion kilometra ose pak më pak se një vit dritë larg. Udhëtimi me shpejtësinë e dritës, dmth 300,000 km/sek, do t'ju duhej pothuajse një vit për të arritur në planetin tonë. Me raketat tuaja aktuale që udhëtojnë me vetëm 40,000 km/h, do t'ju duheshin gati 26,000 vjet për të arritur tek ne.

Është e qartë se, për momentin, nuk kemi asgjë për të frikësuar. Ne zotërojmë mjetet për të arritur nga planeti ynë në Tokë në më pak se dy muaj, falë një sistemi shtytës që përdor atomin dhe që na lejon të lëvizim me shpejtësinë e rrezeve që janë shtatë herë më të shpejta se drita. Këto rreze na "mbartin". Për t'u bartur nga këto rreze, ne lëmë spektrin optik, gamën e rrezatimit që perceptojnë sytë, të përputhet me rrezatimin bartës.

Për këtë arsye, disa tokësorë që kanë vëzhguar zanatin tonë kanë deklaruar se ato bëhen të shkëlqyeshme, të bardha shumë të ndritshme, pastaj blu dhe në fund zhduken. Me sa duket, kur një pajisje tejkalon shpejtësinë e dritës, ajo "zhduket" dhe nuk është më e dukshme me sy të lirë. Dhe këtu është lartësia e "thembrave" të krijuesit, distanca në të cilën takat e tij qëndrojnë në një planet. Planeti i krijuesve është 236.000 parasang larg nga dielli i tij, pra 70 miliardë e 800 milionë kilometra: kjo është lartësia e krijuesit në raport me diellin e tij, një yll i madh.

Kabala është libri më i afërt me të vërtetën, por pothuajse të gjithë librat fetarë na aludojnë në një mënyrë pak a shumë eksplicite, veçanërisht në vendet ku krijuesit kishin bazat: në kordilerën e Andeve, në Himalajet, në Greqi, mitologjia e së cilës. përmban edhe dëshmi të mëdha, në fenë budiste, atë islame, ndër mormonët. Do të duheshin faqe të tëra për të përmendur të gjitha fetë dhe sektet që, në një mënyrë pak a shumë të errët, dëshmojnë për punën tonë.

Njeriu: një sëmundje e universit

Epo, tani ti e di të vërtetën. Është e nevojshme të shkruhet dhe të bëhet e njohur për të gjithë botën. Nëse qeniet njerëzore të Tokës dëshirojnë të përfitojnë nga njohuritë tona dhe kështu të fitojnë njëzet e pesë mijë vjet, ata duhet të na tregojnë se sa shumë duan të na takojnë dhe, mbi të gjitha, se e meritojnë atë dhe se ky takim mund të bëhet. pa asnjë rrezik për ne. Nëse u japim qenieve njerëzore njohuritë tona, duhet të jemi të sigurt se ata do ta përdorin atë mirë.

Vëzhgimet tona të viteve të fundit sigurisht që nuk na kanë treguar se urtësia mbretëronte në Tokë. Sigurisht, ka disa përparime, por ka ende qenie njerëzore që vdesin nga uria dhe shpirti luftarak ende ekziston pothuajse kudo në planetin tuaj. Ne e dimë se ardhja jonë mund të zgjidhë shumë gjëra dhe të bashkojë kombet, por ne duhet të ndiejmë se qeniet njerëzore e duan vërtet atë dhe po skicojnë vërtet bashkimin. Nga ana tjetër, ne duhet të ndjejmë se ekziston vërtet një vullnet për të na parë të arrijmë me njohuri të plotë të fakteve. Disa herë, pajisjet e luftës njerëzore janë përpjekur të gjuajnë avionët tanë, duke i ngatërruar ato me armiq.

Ne duhet t'u shpjegojmë atyre se kush jemi, në mënyrë që të tregohemi pa rrezikuar të lëndohemi apo të vritemi, siç do të ndodhte sot. Për më tepër, ne as nuk do të dëshironim të rrezikonim të krijonim një panik vrasës dhe të rrezikshëm. Disa studiues duan të na transmetojnë me radio, por ne nuk duam që ata të gjejnë vendndodhjen e planetit tonë duke u përgjigjur. Nga ana tjetër, koha e transmetimit do të ishte shumë e gjatë dhe transmetuesit tanë përdorin valë që teknologjia juaj nuk mund t'i kap sepse nuk i njihni ende. Ato janë shtatë herë më të shpejta se valët radio-elektrike dhe ne po eksperimentojmë me valë të reja një herë e gjysmë më të shpejta se këto të fundit.

Përparimi vazhdon dhe kërkimi ynë shkon përpara, për të kuptuar dhe lidhur me qenien e madhe, pjesë e së cilës jemi të gjithë dhe ku jemi parazitët e atomeve që janë planetët dhe yjet.

Në të vërtetë, ne kemi qenë në gjendje të zbulojmë se, në qeniet e gjalla pafundësisht të vogla, inteligjente jetojnë në grimca të cilat, për ta, janë planetë dhe diell, dhe ata i bëjnë vetes të njëjtat pyetje si ne. Njeriu është një "sëmundje" e qenies gjigante, atomet e së cilës janë planetët dhe yjet. Sigurisht, kjo qenie është gjithashtu një parazit mbi atomet e tjera. Është pafundësi në të dy drejtimet. Por e rëndësishme është të sigurohemi që "sëmundja" jonë, njerëzimi, të vazhdojë të ekzistojë dhe të mos zhduket kurrë.
Ne nuk e dinim, duke ju krijuar, se po përmbushnim një mision dytësor, të "shkruar" brenda nesh, dhe se po përsërisnim kështu atë që ishte bërë me ne. Ne kemi zbuluar origjinën tonë, në dritën e krijimit tonë dhe evolucionit të tij. Sepse edhe ne jemi krijuar nga qenie të tjera njerëzore që janë zhdukur sot. Bota e tyre sigurisht që është shpërbërë, por falë tyre ne kemi mundur të marrim përsipër dhe t'ju krijojmë.

Një ditë, ndoshta, do të zhdukemi, por ju do të na lehtësoni. Në të vërtetë, ju jeni lidhja e një vazhdimësie të çmuar njerëzore. Ka botë të tjera dhe, pa dyshim, njerëzimi zhvillohet në pika të tjera të universit. Por në këtë sektor, bota jonë është e vetmja që ka krijuar dhe kjo është shumë e rëndësishme, sepse nga çdo botë mund të dalin fëmijë të panumërt, të çmuar për sigurimin e vazhdimësisë.

Kjo jep shpresë se, një ditë, qeniet njerëzore nuk do të kenë më rrezikun e zhdukjes totale. Por nuk jemi plotësisht të sigurt se njeriu do të jetë në gjendje të stabilizohet me bollëk. Zinxhiri i vazhdueshëm dhe vetë ekuilibri i trupit të pamasë të cilit jemi sëmundje, parazit, ka dashur gjithmonë që ne të mos zhvillohemi shumë. Një zhvillim i ekzagjeruar do të shkaktonte një reagim që mund të çonte në një katastrofë. Kjo do të çonte, në rastin më të mirë, në një recesion; në rastin më të keq, deri në shkatërrim total. Ashtu si në një trup të shëndetshëm disa mikrobe mund të jetojnë pa frikë, të njëjtat mikrobe mund të krijojnë sëmundje që shqetëson organizmin e tyre pritës nëse rriten në numër të madh. Më pas, kjo e fundit reagon, si në mënyrë natyrale, ashtu edhe me barnat përgjegjëse për shkatërrimin e mikrobeve përgjegjëse.

Me sa duket, gjëja e rëndësishme është të krijohen bota të mjaftueshme për të parandaluar zhdukjen e njerëzimit. Para së gjithash, megjithatë, ne duhet të përpiqemi të mos e prishim këtë ekuilibër, duke fokusuar çdo përpjekje në kërkimin e përmirësimit të lumturisë në botët që tashmë ekzistojnë. Është në këtë nivel që ne mund të kontribuojmë shumë për ju.

Evolucioni: një mit

Në këtë pikë, unë hap një parantezë, sepse është e nevojshme që ju të jeni në gjendje të largoni çdo dyshim në lidhje me evolucionin në mendjet tuaja. Dijetarët tuaj, ata që kanë krijuar teoritë e evolucionit, nuk gabojnë plotësisht kur thonë se njeriu ka rrjedhur nga majmuni dhe majmuni nga peshku, etj. Në fakt, organizmi i parë i gjallë i krijuar në Tokë ishte vetëm një organizëm njëqelizor që më vonë krijoi qenie më komplekse. Por jo rastësisht!

Kur erdhëm të krijonim jetën në Tokë, filluam me krijime shumë të thjeshta. Më pas avancuam teknikat tona të përshtatjes me mjedisin për të bërë peshq, batrakianë, gjitarë, zogj, primat dhe në fund njeriun, i cili është thjesht një model i përmirësuar i majmunit, të cilit i shtuam atë që na bëri qenie njerëzore.

Ne e krijuam atë sipas imazhit tonë, siç është shkruar në Zanafillën biblike. Ju mund ta keni kuptuar vetë se një evolucion aksidental ka pak shanse të ndodhë për të arritur në një larmi kaq të madhe formash jete, nga ngjyrat e zogjve te ritualet e tyre të miqësisë, ose forma e brirëve të antilopave të caktuara. Çfarë nevoje natyrore mund t'i shtyjë antilopat ose disa dhi të blerta të kenë brirë spirale? Apo zogjtë të kenë pendë blu apo të kuqe... dhe peshq ekzotikë? E gjithë kjo është rezultat i punës së "artistëve" tanë.

Mos harroni artistët kur është radha juaj për të krijuar jetë. Imagjinoni një botë në të cilën artistët nuk ekzistojnë: pa muzikë, pa filma, pa piktura, pa skulptura, etj. Jeta do të ishte krejtësisht e mërzitshme dhe kafshët krejtësisht të shëmtuara nëse do të kishin një trup që u përgjigjet ekskluzivisht nevojave ose funksioneve të tyre.

Evolucioni i formave të jetës në Tokë është, në realitet, evolucioni i teknikave të krijimit dhe sofistikimi i veprave të krijuara nga krijuesit, për të arritur përfundimisht në krijimin e një qenieje të ngjashme me ta. Ju mund të gjeni kafkat e njerëzve parahistorikë, të cilat janë kafkat e prototipeve të para njerëzore. Ata u zëvendësuan nga të tjerë më të evoluar, duke arritur më në fund në llojin që ishte një kopje e saktë e atyre krijuesve që kishin frikë të krijonin një qenie shumë më të lartë se ata, edhe nëse disa do të ishin tunduar.

Nëse do të kishim qenë të sigurt se njerëzit nuk do të ishin kthyer kurrë kundër krijuesve të tyre për t'i dominuar ose shkatërruar ata, në vend që t'i donin si baballarë, siç ndodhi midis racave të ndryshme njerëzore të krijuara më pas në Tokë, tundimi për të përmirësuar njerëzimin do të ishte i madh. Kjo është e mundur, por çfarë rreziku i madh! Disa krijues, nga ana tjetër, kanë frikë se njeriu i Tokës është pak më i lartë se etërit e tij.

"Satani" është një prej tyre, dhe ai gjithmonë ka menduar, dhe ende mendon, se njeriu i Tokës është një rrezik për planetin tonë, sepse ai është paksa tepër inteligjent. Por shumica prej nesh mendojnë se ju do të provoni dashurinë tuaj për ne dhe se nuk do të përpiqeni kurrë të na shkatërroni. Të paktën kjo është ajo që ne presim t'ju ndihmojmë. Për më tepër, është e mundur që, me çdo krijim të njeriut nga njeriu, të ndodhë një përmirësim i lehtë, një evolucion i vërtetë i racës njerëzore, i cili lejon një përparim gjithnjë e më të shpejtë.

E gjithë kjo, në mënyrë të ëmbël dhe të ekuilibruar, që krijuesi të mos ndihet në rrezik përballë krijimit. Nëse mendojmë se ende nuk mund t'jua kalojmë bagazhin tonë shkencor, mendojmë megjithatë se mund t'jua japim me siguri bagazhin tonë politik dhe humanitar. Kjo e fundit me siguri nuk do t'ju lejojë të kërcënoni planetin tuaj, por do t'ju lejojë të jeni më të lumtur në Tokë dhe të përparoni më shpejt falë lumturisë. Kjo mund t'ju ndihmojë të na dëshmoni më shpejt se e meritoni ndihmën tonë, trashëgiminë tonë, për të arritur një nivel qytetërimi ndërgalaktik. Përndryshe, nëse agresiviteti i njerëzve nuk do të qetësohet, nëse paqja nuk do të bëhet qëllimi i tyre i vetëm, nëse ata do të lejojnë akoma njerëz që favorizojnë luftërat duke mbështetur prodhimin e armëve dhe duke inkurajuar eksperimente luftarake me bomba atomike, nëse ata do ta lënë atë.

ushtritë vazhdojnë të ekzistojnë, qëndroni në pushtet dhe merrni atë, atëherë ne do t'i parandalojmë ato të bëhen rrezik për ne dhe do të jetë një "Sodoma dhe Gomorra" e re. Si mund të mos kemi frikë nga njerëzit e tokës, kur ata sulmojnë llojin e tyre, ne që jemi nga një botë tjetër dhe pak më ndryshe?

Ju, Claude Vorilhon, do të përhapni të vërtetën me emrin tuaj aktual, të cilin do ta zëvendësoni gradualisht me emrin që keni për ne: "RAEL". Ky emër fjalë për fjalë do të thotë "drita e Zotit" ose, nëse bëhet një përkthim më i saktë, "drita e Elohim", më saktësisht "ai që sjell dritën e Elohim" ose "ambasadori i Elohim". Në fakt, ju do të jeni ambasadori ynë në Tokë dhe ne do të zbarkojmë zyrtarisht vetëm në Ambasadën tuaj. "RAEL" mund të përkthehet më thjesht si "lajmëtar".

Nga ana tjetër, në mënyrë telepatike e bëmë që ta thërriste djalin e saj me emrin Ramuel, që do të thotë "biri i atij që sjell dritë", sepse ai është me të vërtetë djali i të dërguarit tonë, i ambasadorit tonë.

Dhe u nis përsëri, si mëngjeset e tjera.

Kapitulli VI

Urdhërimet e reja

Gjeniokracia

Humanitarizmi

Qeveria botërore

Misioni juaj

Gjeniokracia

Të nesërmen e takova përsëri dhe fola.

"Para së gjithash, le të shohim aspektin politik dhe ekonomik:

Çfarë lloj qeniesh njerëzore e lejon njerëzimin të përparojë? Gjenet. Prandaj, është e nevojshme që bota juaj të rivlerësojë gjenitë dhe t'i lejojë ata të drejtojnë Tokën. Me radhë kishit në pushtet fillimisht "brutet" që ishin më të lartë se të tjerët për nga forca muskulare, pastaj të pasurit që kishin mjetet për të pasur shumë brutë në shërbim të tyre, pastaj politikanët që u kapën në grackën e shpresave të tyre. njerëzit e vendeve demokratike, për të mos përmendur ushtrinë, të cilët e kanë bazuar suksesin e tyre në një organizim racional të brutalitetit.

I vetmi lloj njeriu që nuk e keni vënë kurrë në pushtet është ai lloj njeriu që e çon njerëzimin përpara. Pavarësisht nëse zbulon rrotën, barutin, motorin me djegie të brendshme apo atomin, gjeniu gjithmonë ka bërë që fuqia e qenieve njerëzore më pak inteligjente se ai të përfitojë nga shpikjet e tij, të cilët shpesh kanë përdorur shpikje paqësore për qëllime vrasëse. E gjithë kjo duhet të ndryshojë!

Për ta bërë këtë, duhen shtypur zgjedhjet dhe votat, të cilat, në formën e tyre aktuale, janë krejtësisht të papërshtatshme për evolucionin e njerëzimit. Çdo qenie njerëzore është një qelizë e dobishme e një trupi të pamasë të quajtur njerëzimi. Qeliza e këmbës nuk duhet të thotë nëse dora duhet apo nuk duhet të kapë një objekt. Është truri ai që duhet të vendosë dhe, nëse ky objekt është i dobishëm, qeliza e këmbës do të përfitojë prej tij. Nuk ka pse të votojë, pasi detyra e tij është të avancojë tërësinë, pjesë e së cilës është edhe truri, dhe nuk është në gjendje të gjykojë nëse ajo që mund të marrë dora është e mirë apo e keqe.

Notat janë pozitive vetëm kur ka barazi njohurish dhe nivelesh intelektuale. Koperniku u dënua nga një shumicë e njerëzve të paaftë, pasi ai ishte i vetmi i një niveli të mjaftueshëm për të kuptuar. Megjithatë, Toka nuk ishte në qendër të universit, siç besonte Kisha, por në fakt rrotullohej rreth diellit. Kur u ndez makina e parë, nëse të gjithë do të ishin thirrur për të votuar nëse do të autorizonin apo ndalonin prodhimin e saj, përgjigja e njerëzve, të cilët injoruan çdo gjëja në lidhje me automobilin dhe tallja me të, do të kishte qenë e keqe dhe, sot, do të silleshit ende me një karrocë me kuaj. Por si është e mundur të ndryshohet kjo gjendje?

Sot, ju keni psikologë që janë në gjendje të krijojnë teste që masin inteligjencën dhe përshtatshmërinë e secilit individ. Është e nevojshme që që në fëmijëri, këto teste të zbatohen sistematikisht për të përcaktuar orientimin e subjektit drejt studimeve dhe që, kur individi të kalojë në moshën në të cilën ai bëhet përgjegjës, të përcaktohet përfundimisht koeficienti i tij i inteligjencës, i cili do të shënohet në identitetin e tij. kartë ose kartë zgjedhësi. Vetëm individët që kanë një IQ mbi mesataren 50% do të kenë të drejtë për çdo post publik dhe vetëm ata që kanë një IQ mbi mesataren prej 10% do të kenë të drejtë të jenë votues. Nëse kjo metodë do të zbatohej tashmë sot, shumë nga politikanët tuaj nuk do të ishin më në gjendje të kryenin detyrat e tyre.

Në realitet është një sistem tërësisht demokratik. Ka inxhinierë që kanë inteligjencë nën mesataren, por që kanë shumë memorie dhe kanë marrë shumë diploma falë saj, dhe pastaj ka punëtorë apo fshatarë, pa specializime, inteligjenca e të cilëve është 50% më e lartë në mesatare.

Gjëja e papranueshme, aktualisht, është se zëri i atij që ju e quani rëndom "godit" vlen po aq sa zëri i një gjeniu që është pjekur dhe ka peshuar votën e tij. Në disa qytete, zgjedhjet i fiton ai që ka ofruar numrin më të madh të aperitivëve dhe jo ai që ka paraqitur projektet më interesante. Pra, si pikënisje, e drejta e votës duhet t'i rezervohet elitës intelektuale, atyre që truri i tyre është më i përshtatshëm për të menduar dhe gjetur zgjidhje për problemet. Dhe nuk bëhet fjalë domosdoshmërisht për ata që kanë bërë shumë studime. Ka të bëjë me vënien e gjeniut në pushtet. Këtë sistem politik mund ta quani Gjeniokraci.

Humanitarizmi

Pika e dytë: bota juaj është e paralizuar nga fitimi dhe komunizmi nuk arrin t'u japë qenieve njerëzore stimuj të mjaftueshëm për të ndjerë dëshirën për të bërë përpjekje dhe përparim. Ju keni lindur të barabartë, kjo është edhe në shkrimet biblike. Ata që janë në pushtet duhet t'ju lindin afërsisht të barabartë në pronë.

Është e papranueshme që fëmijët me pak inteligjencë të mund të jetojnë në pasuri falë pasurisë së grumbulluar nga baballarët e tyre, ndërsa gjenitë vdesin nga uria dhe bëjnë ç'të munden për të ngrënë, duke braktisur kështu profesionet që do t'i kishin shtyrë të bënin zbulime të dobishme për të gjithë. të njerëzimit. Për të shmangur të gjitha këto, është e nevojshme të hiqet prona, por pa vendosur komunizmin.

Kjo botë nuk është e jotja, kjo është shkruar edhe në Bibël. Ju jeni vetëm qiramarrës. Kështu, të gjitha asetet duhet të jepen me qira për dyzet e nëntë vjet. Kjo e shtyp padrejtësinë e trashëgimisë. Trashëgimia juaj, trashëgimia e fëmijëve tuaj, është e gjithë bota, nëse dini të organizoheni për ta bërë të këndshme. Ky orientim politik i njerëzimit nuk është komunizëm, ai ka të bëjë me të ardhmen e njerëzimit: quani Humanitarizëm nëse doni t'i vini një emër.

Le të marrim një shembull: një burrë mbaroi studimet në moshën njëzet e një dhe dëshiron të hyjë në një jetë aktive. Zgjidhni një profesion dhe fitoni para. Nëse dëshiron të ketë një shtëpi sa janë gjallë prindërit, "blen" një të tillë, por në të vërtetë i jep me qira një shtëpi apo banesë për dyzet e nëntë vjet shtetit që e kishte ndërtuar. Nëse shtëpia vlerësohet me 100,000 franga*, ai do ta paguajë këtë shumë me këste mujore për dyzet e nëntë vjet.

Në moshën shtatëdhjetë (21+49) ai do të ketë paguar shtëpinë e tij dhe do të mund të jetojë deri në vdekjen e tij, pa paguar asgjë më shumë. Me vdekjen e tij, kjo shtëpi do t'i kthehet shtetit, i cili do t'i lërë në përdorim falas fëmijëve të të ndjerit, nëse ka. Supozoni se ai ka një të tillë, ai do ta shijojë shtëpinë falas gjatë gjithë jetës së tij

---

- Ekuivalenti prej rreth 150,000 € në monedhën aktuale.
-

të babait. Me vdekjen e tij, edhe djali i tij do të mund të gëzojë shtëpinë e familjes dhe këtë përgjithmonë.

Trashëgimia duhet të shfuqizohet plotësisht, me përjashtim të shtëpisë së familjes. Kjo nuk do të pengojë që meritat e të gjithëve të shpërblehen.

Le të marrim një shembull tjetër: Një burrë ka dy djem; njëri është punëtor, tjetri dembel. Në njëzet e një, secili nga të dy vendos të ndjekë rrugën e vet. Ata do të marrin me qira secili një shtëpi me vlerë 100,000 franga. Punëtori shumë shpejt do të fitojë më shumë para se dembeli. Më pas ai do të mund të marrë me qira një shtëpi që kushton dy herë më shumë se e para. Nëse ka mundësi, mund t'i marrë me qira të dyja dhe të përdorë njërën prej tyre si shtëpi fshati. Nëse ekonomitë e tij janë të frytshme, ai do të mund ta ndërtojë dhe të marrë me qira vetë për dyzet e nëntë vjet këtë shtëpi, duke fituar ca para. Por, me vdekjen e tij, gjithçka do t'i kthehet komunitetit, përveç shtëpisë së familjes që do të mbetet me fëmijët e tij.

Në një farë mënyre, një njeri mund të bëjë një pasuri për veten e tij, sipas meritave të tij, por jo për fëmijët e tij. Për secilin meritat e veta.

Për ndërmarrjet tregtare ose industriale zbatohet i njëjti parim. Kushdo që krijon një biznes e zotëron atë për gjithë jetën dhe mund ta japë me qira, por kurrë për më shumë se dyzet e nëntë vjet.

Të njëjtat rregulla vlejnë edhe për fermerët: ata mund të marrin me qira tokën e tyre për dyzet e nëntë vjet dhe ta shfrytëzojnë atë. Më pas, ata kthehen në shtet, i cili do të mund t'i rimarrë me qira për dyzet e nëntë vjet. Fëmijët mund t'i marrin me qira me radhë për dyzet e nëntë vjet.

Duhet të jetë e njëjtë për të gjitha mallrat që mbeten të shfrytëzueshme dhe asgjë nuk ndryshon për sa i përket vlerës së sendeve. Aksione, ari, biznese, para të gatshme, pasuri të paluajtshme, çdo gjë me vlerë, të gjitha i përkasin komunitetit, por mund të merren me qira për dyzet e nëntë vjet nga ata që i kanë marrë mjetet me meritën dhe mundin e tyre. Kështu, një njeri që ka bërë pasurinë e tij rreth moshës dyzet vjeçare, do të mund të ketë ndërtesa të ndërtuara, të marrë me qira apartamentet për dyzet e nëntë vjet dhe t'i gëzojë këto para deri në vdekje. Më pas, paratë që vijnë nga këto qira do të kthehen në komunitet. Ky sistem, të cilin ne e kemi quajtur Humanitarizëm, është përshkruar tashmë në Bibël:

Do të numërosh për vete shtatë të shtuna vjet, shtatë herë shtatë vjet: (...) dyzet e nëntë vjet. (Levitiku 25.8)

(...) Kur i shitni diçka fqinjit tuaj ose blini diçka nga dora e fqinjit tuaj, mos i bëni padrejtësi njëri-tjetrit. Sipas numrit të viteve pas Jubileut, do të blini nga fqinji juaj, sipas numrit të viteve të prodhimit që ai do t'ju shesë. Sipas asaj se sa rriten vitet do i rrisësh çmimin, sa ulen vitet do ulësh çmimin, sepse është një numër prodhimesh që të shet. (Levitiku 25:14-16)

(...) Toka nuk mund të shitet përgjithmonë, sepse toka është e imja, ndërsa ju me mua jeni vetëm mysafirë dhe qiramarrës. (Levitiku 25,23)

Nëse vihet në pushtet gjeniu, ai do ta kuptojë dobinë e këtyre reformave. Gjithashtu, ju duhet të bëni të gjitha kombet e Tokës të bashkohen për të krijuar një qeveri.

Qeveria botërore

Ajo që do t'ju lejojë të arrini krijimin e një qeverie botërore është krijimi i një monedhe të re botërore dhe një gjuhe të vetme.

Auvergne nuk flitet më në Clermont-Ferrand dhe së shpejti nuk do të flitet më frëngjisht në Paris, as anglisht në Londër, as gjermanisht në Frankfurt. Shkencëtarët dhe gjuhëtarët tuaj duhet të bashkohen dhe të punojnë drejt krijimit të një gjuhe të re, e cila merr frymëzim nga të gjitha gjuhët dhe që do të bëhet e detyrueshme si gjuhë e dytë në të gjitha shkollat anembanë botës.

E njëjta gjë vlen edhe për paratë: monedha botërore nuk mund të jetë as franga, as dollari, as jen, por një monedhë e re e krijuar për nevojat e gjithë Tokës. Kjo për të mos dëmtuar popullsinë që do të pyesin veten pse zgjodhën monedhën e një kombi tjetër në vend të tyre.

Së fundi, detonatori i nevojshëm për një bashkim të tillë është shtypja e shërbimit ushtarak, i cili u mëson të rinjve vetëm gjëra që nxisin agresionin. Përveç kësaj, ushtarët e karrierës duhet të vihen në shërbim të rendit publik. Kjo duhet të zbatohet njëkohësisht në të gjitha kombet e Tokës, një premtim i domosdoshëm për sigurinë.

Misioni juaj

Siç ju thashë tashmë, ne e dimë që ardhja jonë zyrtare do të përshpejtonte shumë gjëra. Por ne do të presim, për të parë nëse qeniet njerëzore duan vërtet të na shohin duke ardhur, nëse na duan dhe na respektojnë si baballarët që jemi... dhe të sigurohemi që objektet tona fluturuese të mos kërcënohen më nga forcat tuaja shkatërruese të luftës.

Për ta arritur këtë, bërtisni gjithë botën që më takoi dhe përsërisni atë që ju thashë. Të mençurit do ta dëgjojnë atë. Shumë do t'ju konsiderojnë si një të çmendur ose një të ndritur, por unë ju kam shpjeguar tashmë se çfarë duhet të mendoni për shumicën budallaqe.

Ju e dini të vërtetën dhe ne do të qëndrojmë në kontakt me ju në mënyrë telepatike, për t'ju rikthyer besimin dhe për t'ju ofruar informacion shtesë, nëse e gjykojmë të nevojshme. Ajo që duam të shohim është nëse ka mjaft të urtë në Tokë. Nëse një numër mjaft i madh njerëzish e ndjekin atë, ne do të kthehemi në dritën e ditës. Ku? Në vendin që do të ketë përgatitur për të na mirëpritur.

Keni një rezidencë të ndërtuar në një vend të këndshëm me një klimë të butë, duke përfshirë shtatë dhoma me banjo dhe gjithmonë gati për të pritur mysafirë, një sallë konferencash që mund të strehojë të paktën njëzet e një persona, një pishinë, një dhomë ngrënieje që mund të strehojë njëzet e një njerëzit. Kjo rezidencë do të ndërtohet në mes të një parku. Duhet të mbrohet nga sytë kureshtarë. Parku do të rrethohet tërësisht me mure, për të mos lejuar që banesa dhe pishina të shihen nga jashtë.

Vendbanimi duhet të jetë të paktën një mijë metra nga muri që rrethon parkun. Do të ketë më së shumti një kat lartësi e duhet të fshihet, pranë murit të kufirit, nga një batanije vegjetacioni. Duhet të ketë dy hyrje në murin kufitar. Njëra në veri dhe tjetra në jug.Rezidenca do të ketë edhe dy hyrje. Në çatinë e saj do të ketë një platformë mbi të cilën mund të ulet një avion me diametër dymbëdhjetë metra. Është e domosdoshme që të ketë akses të drejtpërdrejtë nga kjo platformë në brendësi.

Hapësira ajrore mbi dhe në afërsi të kësaj rezidence nuk do t'i nënshtrohet vëzhgimit të drejtpërdrejtë ushtarak ose radar. Ai do të përpiqet që toka në të cilën është ndërtuar kjo rezidencë, nëse është e mundur, më e madhe nga sa tregohet, të konsiderohet si tokë neutrale nga të gjitha kombet dhe nga vendi në të cilin ai do të zgjidhet si ambasada jonë tokësore. Ai do të mund të jetojë me gruan dhe fëmijët e tij në këtë rezidencë, e cila do të vendoset në drejtimin e tij dhe do të mund të ketë shërbëtorët dhe mysafirët që do të zgjedhë. Megjithatë, pjesa e ndërtesës që strehon shtatë dhomat do të duhet të vendoset drejtpërdrejt nën tarracën e hyrjes dhe të ndahet nga vendet e përdorura nga njerëzit nga një derë e trashë metalike, gjithmonë e mbyllur dhe e ndërtuar në mënyrë të tillë që të mund të mbyllet nga brendësia. Gjithashtu do të duhet të ndërtohet një dhomë sterilizimi e cila do të vendoset në hyrje të sallës së konferencave.

Financimi i kësaj pune do të bëhet i mundur falë ndihmës që do të marrë nga ata që do të besojnë në të, pra te ne, dhe që do të jenë të mençur dhe inteligjentë. Këta do të shpërblehen kur të vijmë. Mbani shënime të atyre që do të kontribuojnë financiarisht në ndërtimin, ndërtimin dhe mirëmbajtjen e kësaj rezidence, edhe nëse kontributi i tyre është modest, dhe në të gjithë botën, në çdo komb, bëni dikë përgjegjës për përhapjen e së vërtetës, duke lejuar kështu njerëzit të bashkohemi për ta përhapur.

Çdo vit, në një mal pranë rezidencës, ai sjell njerëz nga e gjithë bota, të cilët pasi kanë lexuar këto shkrime, dëshirojnë të na shohin të kthehemi.

Qofshin sa më të mëdhenj dhe i bëni ata të mendojnë intensivisht për ne, duke dëshiruar fort ardhjen tonë. Kur të jenë mjaftueshëm të shumtë dhe të duan të na shohin me intensitet të mjaftueshëm, pa asnjë misticizëm fetar, si qenie njerëzore të përgjegjshme që respektojnë krijuesit tanë, atëherë do të vijmë publikisht dhe ne do t'i dhurojmë trashëgiminë tonë shkencore qenieve njerëzore të Tokës. Nëse, në mbarë botën, temperamentet luftarake reduktohen në pafuqi totale, atëherë do të jenë.

Nëse dashuria e njerëzimit për veten, për jetën dhe për ne është mjaft e fortë, atëherë po, do të dalim në dritën e ditës. Ne do të presim, dhe nëse njeriu vazhdon të jetë agresiv dhe përparon rrezikshëm për botët e tjera, ne do ta asgjësojmë këtë qytetërim dhe vendet ku ai ruan pasuritë e tij shkencore. Do të jetë edhe një herë një "Sodoma dhe Gomorra", me shpresën që njerëzimi të jetë i denjë moralisht për nivelin e tij shkencor.

E ardhmja e njeriut është në duart e tij. Dhe ajo e ka të vërtetën në të. Përhapeni atë në të gjithë botën dhe mos u dekurajoni. Nuk do ta ndihmojmë kurrë haptazi apo në asnjë mënyrë që mund të shërbejë si provë për skeptikët, sepse skepticizmi shpesh shkon paralelisht me agresionin.

Inteligjenti do ta besojë, sepse ajo që thotë nuk ka asgjë mistike në të. Kjo është një gjë e rëndësishme për ne. Fakti që i besoni pa prova materiale na dëshmon më shumë se çdo gjë tjetër se jeni inteligjent dhe për këtë arsye të denjë për të marrë trashëgiminë tonë shkencore.

Tani shko. Nuk do të harrohet nëse ai arrin sukses, gjatë jetës së tij tokësore apo edhe më pas, edhe nëse do të duhet të presim që pasardhësit e tij të mund të kthehen. Në fakt, ne do të mund ta ringjallim atë shkencërisht, si dhe të gjithë ata që kanë udhëhequr qeniet njerëzore në rrugën e gjeniut njerëzor, të udhëhequr nga dashuria e krijuesve, me kusht që eshtrat e tyre të ruhen në varre.

Ndihma jonë e vetme do të kufizohet në faktin që tani e tutje do të paraqitemi gjithnjë e më shpesh, për të sensibilizuar njerëzit për këtë çështje dhe për t'i bërë ata të duan të njihen me të vërtetën që ju përcillni. Gradualisht, falë shfaqjeve gjithnjë e më të shpeshta, do të arrijmë në pikën ku opinioni publik do të përgatitet dhe shfaqjet tona nuk do të shkaktojnë më adhurim të trashë në popullatë, por një dëshirë të thellë për të hyrë në një marrëdhënie me ne.

Lëvizja e tij do të quhet Lëvizja RAELIANE.

Kapitulli VII

Elohim

Bombat atomike

Mbipopullimi

Sekreti i përjetësisë

Edukimi kimik

Lëvizja Raeliane

Bombat atomike

Para se të ndahemi për herë të fundit, a keni ndonjë pyetje për mua?

- Më folët për pamjen e Ezekielit si një përshkrim i burrave të pajisur me kostume zhytjeje dhe më thatë se atmosfera e planetit tuaj nuk është e njëjtë me atë të Tokës. Pse nuk ka veshur një kostum zhytjeje tani?

- Sepse edhe ne kemi bërë përparim shkencor dhe tani mund të përballojmë të bëjmë pa të. Fytyra ime duket se është në ajër të hapur, por në realitet ajo mbrohet nga një kostum i padukshëm, i përbërë nga rreze repulsuese, brenda së cilës unë thith një ajër të ndryshëm nga ai. Këto rreze kalojnë valët, por jo molekulat e ajrit. Mund ta krahasoni me emetimet e flluskave të bëra në portet tuaja për të parandaluar rrjedhjen e naftës.

- A paraqesin rrezik bombat atomike për njerëzimin?

- Po, një rrezik i madh. Por kjo do të na lejojë, në rast nevoje, të mos duhet të bëjmë shumë për të shkatërruar këtë qytetërim, nëse qeniet njerëzore nuk ushtrojnë gjykim. Mund të ndodhë që ata të shkatërrojnë veten e tyre. Nëse nuk e bëjnë dhe bëhen kërcënim për ne, do të na mjaftojë të shpërthejmë arsenalin e tyre bërthamor, pa dërguar domosdoshmërisht armë sulmuese kundër tyre. Ne mund ta bëjmë këtë ose duke përdorur rreze ose me telepati, duke bërë që, për shembull, një fuqi e madhe të bëhet "agresori" dhe kështu të shkaktojë një përgjigje automatike dhe fatale. Nëse qeniet njerëzore nuk duan të jenë më të ekspozuara ndaj këtij rreziku, mjafton që ata të marrin kontrollin e armëve atomike larg ushtrisë. Fuqia e tyre, e aplikuar gradualisht, do të bënte të mundur furnizimin e të gjitha atyre vendeve që kanë nevojë për energji për të bërë përparim të madh. Është urgjente që të ndaloni menjëherë të gjitha testet bërthamore, sepse nuk e dini se për çfarë po ekspozoheni. Megjithatë, nëse njerëzit vazhdojnë të luajnë me atomizues, do ta bëjmë më të lehtë për ne, nëse do të detyrohemi t'i heshtim ata.

- A keni femra në planetin tuaj?
- Po, përmendet edhe në Bibël dhe vura në dukje pasazhin në fjalë.
- Dhe fëmijët gjithashtu?
- Po, ne mund të kemi fëmijë, ashtu si ju.

Mbipopullimi

- Ju më thatë që jeni disi të pavdekshëm. Si e luftoni mbipopullimin?

—   Ky, në fakt, është një problem me të cilin do të duhet të përballeni shumë shpejt në Tokë. Për ta zgjidhur atë, dhe ju duhet ta zgjidhni atë tani, sepse tashmë jeni mjaft të shumtë, ju duhet të zhvilloni kontracepsionin dhe të zbatoni ligje shumë strikte që autorizojnë gratë të kenë maksimum dy fëmijë. Nëse çdo çift ka vetëm dy fëmijë, popullsia nuk do të rritet më kurrë. Përsëri, do të shohim se si do t'ia dalësh. Ky është një tjetër provë inteligjence, për të parë nëse e meritoni trashëgiminë tonë. Unë ju kam dhënë këtu zgjidhjen e problemit tuaj aktual, për ju që jetoni mesatarisht vetëm shtatëdhjetë e pesë vjet. Në fakt, për ne problemi është i ndryshëm. Ne nuk jemi të përjetshëm. Por ne mund të jetojmë, falë një operacioni të vogël ("pema e jetës" biblike), dhjetë herë më gjatë se ju. Edhe ne kemi fëmijë dhe zbatojmë rregullin që sapo ju thashë: dy prindër, dy fëmijë. Kjo e mban popullsinë tonë konstante.

- Sa jeni ju?

- Jemi rreth shtatë miliardë.

- U takuam për gjashtë ditë rresht, a largohej çdo herë për në planetin e tij?

- Jo, po arrija një anije kozmike që na shërben si bazë dhe që qëndron vazhdimisht pranë Tokës.

- Sa jeni në këtë anije?

- Shtatë. Ka shtatë provinca në planetin tonë. Ka një përfaqësues për secilën prej tyre në këtë anije. Nëse shtoni dy menaxherët e anijeve, jemi nëntë prej nesh në baza të përhershme.

- Nëse njerëzit e Tokës bëjnë pikërisht atë që dëshironi, çfarë do të ndodhë?

- Do të vijmë zyrtarisht në rezidencën që keni përgatitur dhe do t'ju kërkojmë të mblidhni përfaqësuesit zyrtarë të kombeve më të rëndësishme, për të marrë bashkimin e plotë të popujve të Tokës. Nëse gjithçka shkon mirë, ne do të përfitojmë progresivisht njerëzimin nga avantazhi ynë shkencor. Në varësi të përdorimit që do t'i bëhet, do të shohim nëse mund t'u japim qenieve njerëzore të gjitha njohuritë tona dhe kështu t'ju sjellim në epokën ndërgalaktike, me përparësinë tonë shkencore njëzet e pesë mijë vjetësh në trashëgimi.

- Jeni i vetmi në botë me këtë nivel shkencor?

- Në këtë rajon të universit, po. Ka një numër të pafund botësh të banuara nga qenie të tipit humanoid, niveli shkencor i të cilave është më i ulët se i yni, edhe pse është shumë më i lartë se juaji. Ajo që na bën të frikësohemi për zhdukjen tonë është fakti se ende nuk kemi gjetur planetë me një qytetërim kaq të evoluar sa i yni. Ne mbajmë marrëdhënie ekonomike me shumë planetë të tjerë, në të cilët është krijuar jetë nga njerëz të tjerë që duhet të kenë pasur një nivel shkencor të barabartë me tonin, siç dëshmohet nga shkrimet e tyre fetare. Fatkeqësisht, ne nuk kemi qenë në gjendje të gjejmë qytetërimet që krijuan më të afërt e këtyre botëve. Ndoshta, në të ardhmen, do të gjejmë disa, sepse do të vazhdojmë të eksplorojmë universin, gjithnjë e më larg. Në shumicën e rasteve, planeti i tyre iu afrua shumë diellit dhe jeta në të u bë e pamundur, ose dielli i tyre shpërtheu ose u bë shumë i ftohtë. E gjithë kjo na bën të kemi frikë nga më e keqja, edhe nëse aktualisht nuk vërejmë ndonjë gjë jonormale në sistemin tonë.

- Pra nuk ka fe mes jush?

- Feja jonë e vetme është gjenia njerëzore. Ne besojmë vetëm në këtë dhe duam, mbi të gjitha, kujtimin e krijuesve tanë, të cilët nuk i kemi parë më dhe botën e të cilëve nuk kemi mundur t'i gjejmë më. Ata duhet të jenë zhdukur. Megjithatë, ata kishin marrë masat paraprake për të vendosur një anije kozmike të pamasë që përmban të gjitha njohuritë e tyre në orbitë rreth planetit tonë, e cila u ul automatikisht kur bota e tyre u shkatërrua. Falë tyre kemi mbajtur flakën gjallë. Këtë flakë do të donim ta shihnim të marrë nga Toka.

- Po sikur planeti juaj të shkatërrohet?

- Parashikohet e njëjta procedurë, e cila automatikisht do t'ju japë trashëgiminë tonë, në rast se bota jonë shkatërrohet.

Sekreti i përjetësisë

- A jetoni dhjetë herë më shumë se ne?

- Trupi ynë, mesatarisht, jeton dhjetë herë më gjatë se i yti, ashtu si njerëzit e parë në Bibël. Midis shtatëqind e pesëdhjetë e dymbëdhjetëqind vjet. Por mendja jonë, pra karakteri ynë i vërtetë, në fakt mund të jetë i pavdekshëm. Unë i shpjegova asaj se, duke filluar nga çdo qelizë e trupit, është e mundur të rikrijohet e gjithë qenia me materie të reja të gjalla: kur jemi në zotërim të plotë të aftësive tona dhe kur truri ynë është në efikasitetin dhe njohuritë e tij maksimale, ne kemi një pjesë e vogël e trupit tonë është hequr me kirurgji, e cila ruhet. Kur ne vërtet vdesim, duke u nisur nga një qelizë e marrë nga fragmenti i vogël që na është marrë nga trupi, ne e rikrijojmë plotësisht trupin ashtu siç ishte në atë moment. E them drejt, ashtu siç ishte ai në atë moment, domethënë me gjithë njohuritë e tij shkencore dhe personalitetin e tij të kohës. Por trupi përbëhet nga elementë të rinj, të cilët kanë një mijë vite të tua përpara për të jetuar. Dhe kështu me radhë, përgjithmonë. Megjithatë, për të kufizuar rritja e popullsisë, vetëm gjenitë kanë të drejtë në këtë përjetësi.

Të gjithë qenieve njerëzore në planetin tonë, në një moshë të caktuar, u merren qelizat dhe shpresojnë të zgjidhen për të rilindur pas vdekjes së tyre. Të gjithë shpresojnë për të dhe jetojnë duke u përpjekur ta meritojnë këtë ringjallje. Një herë i vdekur, një Këshill i madh i përbërë nga të përjetshëm mblidhet për të gjykuar, në një "gjykim përfundimtar", se cilët janë ata që, në mesin e të vdekurve gjatë gjithë vitit, meritojnë të jetojnë një jetë tjetër. Për tre ekzistenca, i përjetshmi është në praktikë dhe, në fund të këtyre tri jetëve, Këshilli i të Përjetshmëve mblidhet për të gjykuar, në dritën e veprave të të interesuarit, nëse ai meriton të hyjë në Këshillin e të Përjetshmëve si një anëtar i përhershëm. Që nga momenti kur doni një jetë të re, nuk keni më të drejtë të keni fëmijë. Kjo padyshim nuk e përjashton dashurinë dhe na lejon të kuptojmë pse njerëzit e mençur, të cilët ishin pjesë e Këshillit të të Përjetshmëve, donin të krijonin jetë në planetë të tjerë: ata transferuan instinktin e tyre të riprodhimit në botë të tjera.

- Si e ke emrin?

- Nëse doni të na vini një emër, edhe nëse në gjuhën tonë e quajmë veten qenie njerëzore, mund të na quani "Elohim", pasi ne "erdhëm nga parajsa".

- Çfarë gjuhe flisni në planetin tuaj?

- Gjuha jonë zyrtare është shumë e afërt me hebraishten e lashtë.

- Çdo ditë që flisnim në këtë vend, a nuk kishit frikë se njerëzit e tjerë do të na befasonin?

- Një sistem automatik do të më kishte paralajmëruar menjëherë për afrimin e qenieve të tjera njerëzore në një rreze rreziku, nga ajri ose nga toka.

- Si jetoni dhe punoni këtu?

- Në praktikë, ne punojmë vetëm intelektualisht, pasi niveli ynë shkencor na lejon të kemi robotë për çdo detyrë. Ne punojmë vetëm kur na pëlqen dhe vetëm me trurin tonë. Vetëm artistët apo sportistët "punojnë" me trupin e tyre, por sepse e kanë zgjedhur. Energjia atomike, në një fazë shumë të zhvilluar, është pothuajse e pashtershme, veçanërisht që kur zbuluam mënyrën për të përdorur atomin me qark të mbyllur dhe energjinë diellore.

Ne kemi shumë burime të tjera energjie. Ne nuk përdorim domosdoshmërisht uranium për reaktorët tanë atomik, por shumë materiale të tjera të thjeshta dhe jo të rrezikshme.

- Por nëse jeton kaq gjatë dhe nuk punon, a nuk mërzitesh?

- Jo, kurrë, sepse ne bëjmë vetëm gjërat që na pëlqejnë dhe mbi të gjitha duam. Femrat tona na duken shumë të bukura dhe i shfrytëzojmë.

- A ka martesë?

- Jo, gratë janë të lira dhe burrat gjithashtu. Çiftet ekzistojnë dhe ata që kanë zgjedhur të jetojnë në çift mund ta bëjnë këtë, por janë të lirë ta marrin lirinë kur të duan. Të gjithë e duam njëri-tjetrin. Xhelozia nuk ekziston, pasi të gjithë mund të kenë gjithçka dhe prona është shfuqizuar. Këtu nuk ka krim dhe për rrjedhojë nuk ka burgje apo polici. Megjithatë, ka shumë mjekë dhe kontrollet mjekësore të mendjes kryhen rregullisht. Ata tek të cilët konstatohet çekuilibri më i vogël moral, që mund të çojë në veprime të dëmshme për lirinë ose jetën e të tjerëve, i nënshtrohen menjëherë një trajtimi që i kthen në drejtimin e duhur.

- A mund të përshkruani ditën e një njeriu mesatar nga ju?

- Në mëngjes ngrihet, lahet, pasi ne kemi pishina kudo, ha mëngjes dhe pastaj bën atë që do. Të gjithë punojnë, por vetëm sepse e kanë dëshirën, pasi këtu nuk ka para. Kështu, ata që punojnë i bëjnë gjërat gjithmonë shumë mirë, sepse bëhen me profesion. Vetëm të përjetshmit kanë detyra shumë specifike, siç është, për shembull, mbikëqyrja e inteligjencës artificiale dhe kompjuterëve që merren me probleme jetike, si energjia, ushqimi, organizimi etj. Nga shtatë miliardë banorë, janë vetëm shtatëqind të përjetshëm që jetojnë krejtësisht të ndarë nga të tjerët. Këta të fundit kanë privilegjin të jenë të përjetshëm, por edhe detyrën të kujdesen për gjithçka dhe të vihen në shërbim të të gjithë të tjerëve që nuk janë të detyruar të punojnë. Shtatëqind të përjetshmëve, duhet t'u shtojmë dyqind e dhjetë të përjetshëm në praktikë (rreth shtatëdhjetë në vit ose dhjetë për krahinë). Nga shtatë miliardë banorë, ka vetëm rreth dyzet milionë fëmijë.

Fëmijët vetëm pasi arrijnë moshën madhore (mes tetëmbëdhjetë dhe njëzet e një vjeç në varësi të individit) i nënshtrohen ndërhyrjes që u jep atyre një jetëgjatësi mbi shtatëqind e pesëdhjetë vjet. Nga ky moment, ata mund të kenë fëmijë. Kjo siguron që më të vjetrit nga banorët tanë të zakonshëm të njohin pasardhësit e tyre deri në brezin e pesëdhjetë. Nga shtatë miliardë banorë, janë vetëm rreth një milion njerëz joaktivë, pothuajse të gjithë në trajtim, të cilët përgjithësisht janë të çrregulluar moralisht, të cilët trajtohen nga mjekët tanë për rreth gjashtë muaj. Shumica e qenieve njerëzore janë të interesuara për artet. Shumë pikturojnë, skalitin, luajnë muzikë, shkruajnë, bëjnë filma, sport, etj. I yni është një qytetërim i kohës së lirë, në kuptimin e vërtetë të fjalës. Qytetet kanë mesatarisht pesëqind mijë banorë dhe zënë një hapësirë shumë të kufizuar. Një qytet është në fakt një shtëpi e madhe e vendosur në një kodër dhe brenda saj njerëzit mund të flenë, ta duan njëri-tjetrin, të bëjnë atë që u pëlqen më shumë. Këto "qytetet e origjinës" janë afërsisht një kilometër të gjatë dhe të lartë dhe përshkohen në të gjitha drejtimet nga valët e lëvizjes kolektive. Ju vendosni një rrip dhe futeni në rrymën e valës që na çon atje ku duam, shumë shpejt. Qytetet i ngjajnë pak kubeve, që të mos "hanë" fshatrat, siç bën me ty. Qyteti juaj me pesëqind mijë banorë mbulon një sipërfaqe njëzet herë më të madhe se një e jona. Rezultati është se kur dëshiron të shkosh në fshat, të duhen disa orë. Ne, nga ana tjetër, arrijmë atje për disa dhjetëra sekonda. I gjithë qyteti është konceptuar nga vetë arkitekti, për të qenë më i këndshëm për syrin dhe për t'u integruar në mënyrë harmonike me peizazhin.

- Por a nuk mërziten njerëzit që nuk kanë çfarë të bëjnë?

- Jo, sepse u japim shumë aktivitete. Tek ne, vlera e vërtetë e individit njihet dhe të gjithë duan të demonstrojnë se kanë vlerë. Qoftë në art, shkenca, sport, të gjithë duan të shkëlqejnë për t'u bërë i përjetshëm ose, shumë më thjesht, për t'u admiruar nga komuniteti apo... nga një grua. Disa e duan rrezikun dhe privimi i tyre nga rreziku i vdekjes do t'u grabisë çdo kënaqësi në ekzistencën. Për këtë arsye, sportet e rrezikshme janë veçanërisht të njohura. Ne mund të kthejmë në jetë çdo të plagosur, përveç atyre që i praktikojnë këto sportet lejohen ta bëjnë këtë vetëm nëse bien dakord, me shkrim, të mos trajtohen nëse vdesin duke luajtur sport.

Ne kemi një lloj garash makinash me energji atomike që ajo do t'i pëlqente, dhe gjithashtu lojëra shumë brutale, të ngjashme me boksin. Por ka ende më të dhunshme, si një lloj ragbi që praktikohet lakuriq dhe në të cilin lejohen të gjitha goditjet, boksi, mundja etj. E gjithë kjo mund t'ju duket barbare, por mos harroni se çdo ekstrem duhet të jetë i balancuar, përndryshe shembet. Një qytetërim jashtëzakonisht i sofistikuar duhet të ketë kundërpesha primitive. Nëse populli ynë nuk do t'i kishte idhujt në sportin e tij të preferuar, do të kishte vetëm një dëshirë dhe atë të vdiste. Ne duhet të respektojmë jetën e të tjerëve, por duhet të respektojmë edhe dëshirën e tyre për të vdekur apo për të luajtur me vdekjen, në kuadër të specialiteteve të mirëpërcaktuara. Çdo vit, këtu zhvillohen konkurse në të gjitha fushat, duke përfshirë një konkurs botëror që na lejon të propozojmë kërkuesit më të mirë për jetën e përjetshme. Të gjithë jetojnë vetëm për këtë. Çdo vit në pikturë, letërsi, biologji, mjekësi, në të gjitha specialitetet në të cilat mund të shprehet mendja e njeriut dhe në çdo krahinë, zhvillohet një konkurs me votën e të përjetshmëve të krahinës në fjalë: "kampionëve" ata e gjejnë veten në kryeqytet për t'iu nënshtruar votimit të një jurie të përjetshmëve që cakton kampionët e kampionëve, ata që në fund i paraqiten Këshillit të madh të të Përjetshmëve. Këta zgjedhin ata që janë të denjë të bëhen të përjetshëm në stërvitje. Ky është qëllimi, ideali i të gjithëve. Shpërqëndrimet mund të marrin edhe aspekte primitive kur qëllimi përfundimtar është aq i lartësuar.

- Pra, të përjetshmit kanë një jetë krejtësisht të ndryshme nga banorët e tjerë?

– Sigurisht që ata jetojnë mënjanë, në qytete të rezervuara për ta dhe mblidhen rregullisht për të marrë vendime.

- Sa vjeç është më i madhi?

- E madhja, kryetari i Këshillit të të përjetshmëve, është njëzet e pesë mijë vjeç dhe e ka përballë. Unë kam banuar në njëzet e pesë trupa deri më sot dhe jam i pari mbi të cilin u bë kjo përvojë. Është për këtë arsye që unë jam president i të përjetshmëve. Unë vetë drejtova krijimin e jetës në Tokë.

- A duhet të ketë njohuri të pamatshme?

- Po, kam grumbulluar një sasi të caktuar njohurish dhe nuk mund të ruaj shumë më tepër.

Pikërisht në këtë, njeriu ndoshta do të jetë më i lartë se ne, pasi vëllimi i pjesës së trurit të tij që ruan informacionin, kujtesës, është më i madh. Prandaj, qeniet njerëzore do të jenë në gjendje të ruajnë më shumë njohuri dhe të shkojnë më larg se ne shkencërisht, nëse kanë mjete. Është pikërisht kjo që i frikëson kundërshtarët e Këshillit të Përjetshëm. Njeriu i Tokës mund të përparojë më shpejt se ne, nëse asgjë nuk e kundërshton atë.

Edukimi kimik

- Por njohuritë që duhet të grumbullojnë studentët do të jenë të mëdha dhe do të duhet shumë kohë...

- Jo, sepse falë një zbulimi të rëndësishëm shkencor, të cilin shkencëtarët tuaj kanë filluar ta shohin me sy, është e mundur të mësohet një lëndë kirurgjikale. Shkencëtarët tuaj sapo kanë zbuluar se është e mundur të injektohet lëngu i kujtesës i një miu tjetër të arsimuar më parë në trurin e një miu dhe njohuritë e miut "me përvojë" t'i transmetohen atij "të papërvojë". Është e mundur të komunikohet informacioni përmes injektimit të lëndës së trurit që përmban kujtesë, kështu që fëmijët tanë nuk kanë pothuajse asnjë punë për të bërë. Ata janë injektuar në mënyrë rutinore me materie të trurit të marra nga individë që posedojnë informacionin e nevojshëm për edukim. Në këtë mënyrë fëmijët duhet të shqetësohen vetëm për të bërë gjëra interesante dhe të planifikuara nga vetja, si rindërtimi i botës në teori ose përmbushja e tyre në sport dhe art.

- Nuk keni kurrë luftëra midis krahinave të botës tuaj?

- Garat sportive nuk zhvillohen kurrë sa duhet për të shtypur çdo instinkt luftarak. Nga ana tjetër, psikologjikisht, fakti që të rinjtë mund të rrezikojnë jetën e tyre në lojëra gjatë të cilave, në çdo ngjarje, ka sistematikisht disa vdekje, shtyp instinktin luftarak dhe u lejon atyre që e vuajnë atë shumë intensivisht ta kënaqin atë duke rrezikuar. jetën e vet, pa i tërhequr zvarrë ata që nuk e duan në rrugë të rrezikshme. Nëse në Tokë do të ekzistonin sporte apo lojëra edhe më të rrezikshme, por të organizuara, këto do të ndihmonin për të ulur shanset e shpërthimit të konflikteve ndërkombëtare.

- A janë të ngjashëm të shtatë popujt e botës suaj?

- Jo, si ju, ka raca dhe kultura të ndryshme. Këto krahina u krijuan mbi bazën e këtyre racave dhe kulturave të tyre, duke respektuar lirinë dhe pavarësinë e të gjithëve.

- A do të ishte e mundur që një qenie njerëzore të vizitonte planetin tuaj?

- Po, për të ardhur, mjafton të vishni një kostum zhytjeje të përshtatshëm për frymëmarrjen tuaj. Ju mund të jetoni pa një kostum zhytjeje në rezidencën ku ne kemi riprodhuar atmosferën e tokës dhe ku jetojnë njerëz të ndryshëm të tokës, duke përfshirë Moisiun, Elijan, Jezu Krishtin dhe shumë dëshmi të tjera të gjalla të krijimit tonë, të cilët mund t'i kthejmë në tokë në kohën e duhur. natyrisht për të mbështetur pretendimet e tij.

- Pse të mos i detyrosh të vijnë tani?

- Sepse nëse Jezu Krishti do të kthehej në botën tuaj jobesimtare, do të futej në një çmendinë. Imagjinoni një njeri që zbarkon mes jush dhe e shpall veten Krishti. Do të ngjallte vetëm tallje dhe shumë shpejt ai do të internohej. Nëse do të ndërhynim duke kryer mrekulli shkencore për të demonstruar se është me të vërtetë Krishti, kjo do të ringjallte fenë e bazuar në Zotin dhe do të rivlerësonte të mbinatyrshmen ose mistiken. Dhe ne nuk e duam këtë.

Më pas, vogëlushi më tha lamtumirë për herë të fundit pasi më tha se do të kthehej vetëm kur të realizohej ajo që kërkoi. Ai hipi në aeroplanin e tij, i cili u ngrit dhe u zhduk si mëngjeset e tjera.

Lëvizja Raeliane

Çfarë historie! Çfarë zbulimi!

Sapo shkova në shtëpi, duke renditur shënimet që kisha marrë, duke i klasifikuar dhe kopjuar, kuptova misionin e pamasë që më ishte besuar dhe mundësitë e pakta që kisha për ta realizuar me sukses. Por duke qenë se nuk është e nevojshme të shpresoj për të ndërmarrë, vendosa të bëj atë që më kërkuan dhe të rrezikoja të më merrnin për një të ndritur. Në fund të fundit, nëse të jesh i ndriçuar do të thotë "të kesh marrë dritën", atëherë unë me të vërtetë dua të jem i ndriçuar. Është më mirë të jesh një njeri i ndritur që di, sesa një njeri i ditur që nuk di.

Do të doja t'u theksoja skeptikëve të të gjitha llojeve që nuk pi alkool dhe se natën fle shumë mirë, faleminderit. Nuk është e mundur të ëndërrosh gjashtë ditë rresht apo të shpikësh të gjitha këto.

Juve që nuk më besoni ju them: shikoni qiellin. Do të dëshmoni gjithnjë e më shumë shfaqje që shkencëtarët dhe ushtarët tuaj do të jenë në gjendje t'i shpjegojnë vetëm me fjalë të mira që synojnë të shpëtojnë fytyrën. Atë fytyrë që ata do të mendonin se do ta humbnin nëse e vërteta nuk do të vinte nga një prej atyre në rrethin e tyre të mbyllur. Si të mos e dinte një "i mençur"! Ashtu si ata që e dënuan Kopernikun, vetëm sepse ai guxoi të thoshte se Toka nuk ishte qendra e universit: ata nuk mund të pranonin që dikush tjetër, përveç tyre, do ta zbulonte atë.

Por të gjithë ju që do të shihni ose keni parë objekte fluturuese të paidentifikuara, të cilat dikush nxiton t'i cilësojë si mirazhe, balona meteorologjike apo halucinacione, të gjithë ju që nuk guxoni të flisni nga frika se do të tallen me ju, është vetëm duke u rigrupuar dhe duke iu drejtuar atyre që besojnë se do të mund të flisni lirshëm.

Të gjitha këto zbulime më kanë sjellë një mirëqenie ekstreme dhe paqe të thellë të brendshme, në këtë botë në të cilën njeriu nuk di më çfarë të besojë, në të cilën nuk mund të besohet më në një "zot të mirë" me mjekër të bardhë dhe thundra të ndarë.. djalli.. Një botë në të cilën shkencëtarët zyrtarë nuk janë në gjendje të japin shpjegime mjaft të sakta për origjinën tonë dhe tonën qëllime!

Në dritën e këtyre zbulimeve, gjithçka bëhet më e qartë dhe duket e thjeshtë. A nuk është thellësisht prekëse të dimë se, diku në univers, ekziston një planet i banuar nga njerëz që na krijuan si ata dhe që na duan, edhe pse kanë frikë se ata që na krijuan i tejkalojnë ata? Sidomos nëse mendojmë se së shpejti do të kemi detyrën të marrim pjesë në evolucionin e këtij Njerëzimi të madh, pjesë e të cilit është njerëzimi ynë, ashtu si i tyre, duke krijuar jetë në botë të tjera.

Ju tani keni mbaruar së lexuari këtë libër që shkrova duke u përpjekur të raportoj sa më besnikërisht gjithçka që më është thënë; nëse mendoni se kam një imagjinatë të tejmbushur dhe nëse këto shkrime thjesht ju kanë argëtuar ose shpërqendruar, do të zhgënjehesha thellësisht.

Ndoshta në vend të kësaj kjo zbulesë ju ka rikthyer besimin në të ardhmen, duke ju lejuar të kuptoni misterin e krijimit dhe fatet e njeriut, duke iu përgjigjur kështu pyetjeve që ne të gjithë i bëjmë vetes natën, që nga fëmijëria, kur pyesim veten pse ekzistojmë dhe çfarë është qëllimi i jetës sonë në këtë Tokë... atëherë do të isha i lumtur.

Së fundi, nëse e kuptoni se gjithçka që kam shkruar është vetëm e vërteta e thellë, nëse dëshironi, siç dëshiroj unë, t'i shihni zyrtarisht këto qenie njerëzore të kthehen shumë shpejt dhe të na e përcjellin trashëgiminë e tyre, dhe nëse dëshironi të merrni pjesë në krijimin nga gjithçka që është kërkuar, atëherë do ta kisha përmbushur misionin tim. Në këtë rast më shkruani dhe do t'ju mirëpresim në kuadër të Lëvizjes Raeliane. Së bashku do të ndërtojmë rezidencën që dëshirojnë elohimët dhe, kur në të gjithë botën të jemi të shumtë për t'i pritur me respektin dhe dashurinë që kanë të drejtë të kërkojnë ata që na krijuan, ata do të vijnë dhe do të na lënë të përfitojmë nga pafundësia e tyre. Njohuri.

Të gjithë ju që besoni në Zot ose në Jezu Krishtin, kishit të drejtë ta besoni, edhe nëse kishit dyshimin se gjërat nuk ishin tamam ashtu siç donin të besoni, por se megjithatë kishte një fond të së vërtetës. Kishit të drejtë në besimin e themeleve të shkrimeve, por gabim në mbështetjen e Kishës. Nëse tani vazhdoni të jepni paratë tuaja në mënyrë që kardinalët të kenë rroba më të mira, nëse vazhdoni të lejoni ekzistencën e ushtrisë dhe të sillni kërcënimin bërthamor në shpenzimet tuaja, kjo ndodh sepse ju nuk jeni të interesuar të hyni në epokën e artë në të cilën tani kemi të drejtë dhe dëshironi të mbeteni primitivë.

Nëse, nga ana tjetër, dëshironi të merrni pjesë direkt ose indirekt, në varësi të mundësive tuaja, në zhvillimin e Lëvizjes Raeliane, merrni stilolapsin dhe më shkruani. Shumë shpejt do të jemi të shumtë për të marrë përsipër zgjedhjen e truallit ku do të qëndrojë rezidenca. Nëse ende dyshoni, lexoni gazetat dhe shikoni qiellin; do të shihni që shfaqjet e objekteve misterioze do të jenë gjithnjë e më të shumta për t'ju dhënë guximin të dërgoni letrën tuaj.

RAËL
c/o Lëvizja Ndërkombëtare Raeliane
Case Postale 225, CH 1211 Geneva 8 – Switzerland

ose shkruani një email në
balkans@rael.org

Për më shumë informacion mbi Lëvizjen Raeliane,
vizitoni www.rael.org

Passhkrim i autorit

Kanë ndodhur shumë që kur kam shkruar dy librat e mi të parë. Fillimisht në vitin 1974 botova në Francë "Librin që thotë të vërtetën" në gjuhën time amtare dhe më vonë, në vitin 1976, "Jashtëtokësorët më çuan në planetin e tyre". Deri më sot nuk kam shtuar asgjë në këto dy tekste origjinale.

Që atëherë këto tekste janë përkthyer nga vullnetarë në 25 gjuhë dhe më shumë se një milion kopje janë shtypur, botuar dhe shpërndarë nën mbikëqyrjen e Lëvizjes Raelian.

Gjatë këtyre 24 viteve të para të ekzistencës, Lëvizja Ndërkombëtare Raeliane është rritur në mënyrë progresive dhe sot ka një total prej rreth 35,000[1] anëtarë aktivë në mbarë botën. Organizatat kombëtare të Lëvizjes Ndërkombëtare Raeliane janë të pranishme sot në 84 vende, duke përfshirë të gjitha ato më të rëndësishmet. Njerëz të rinj vijnë vazhdimisht për të ofruar ndihmën e tyre për ta bërë më të njohur këtë Mesazh të jashtëzakonshëm dhe të fundit të Elohim. Gjithmonë ka nevojë për njerëz efektivë, por tani, ndërsa po shkruaj, Lëvizja është e strukturuar shumë mirë në Francë, Kanada dhe Japoni. Gjithashtu po zhvillohet fuqishëm në Shtetet e Bashkuara, Australi, Angli, Afrikën e Jugut, Azinë Juglindore, Amerikën Latine dhe Afrikë.

Në fund të viteve 1970 dhe në fillim të viteve 1980, shkrova dhe botova disa libra të tjerë që zgjerojnë informacionin që përmban ky vëllim. Versionet e tyre italiane titullohen "Accogliere gli extraterrestrials" (1979) dhe "La Meditazione Sensuale" (1980). Që atëherë, në seminaret e organizuara rregullisht në çdo kontinent të botës, mësimet e Elohim-it që kam regjistruar në këto libra u janë transmetuar disa mijëra njerëzve të të gjitha moshave, nga unë dhe nga disa anëtarë të tjerë të Lëvizjes Raeliane. , i quajtur Raelian Guides. Sot ka 130 në mbarë botën.

---

1 Regjistrimi i bërë në janar të vitit 57 të H. (2003 AD) gjeti rritje të konsiderueshme dhe e solli këtë shifër në 60,000 anëtarë.

Lëvizja boton gjithashtu një revistë tremujore ndërkombëtare, Apokalipsi, në të cilën udhëheqës të ndryshëm raelianë dhe unë trajtojmë tema aktuale... Kjo revistë na lejon të promovojmë filozofinë dhe urtësinë e Elohim.

Përgatitjet në lidhje me ndërtimin e Ambasadës të kërkuara nga Elohim në një vend të sigurt janë duke avancuar sipas planit. Ambasada dhe rezidenca duhet të mbrohen nga të drejta ekstraterritoriale, si çdo mision normal diplomatik ndërkombëtar, dhe duhet të korrespondojnë me udhëzimet e sakta që më janë komunikuar nga Elohim. Arkitektët Raelian kanë përfunduar tashmë planet e autorizuara për kompleksin e ndërtesave ku do të zhvillohet konferenca më spektakolare dhe e jashtëzakonshme e samitit në të gjithë historinë e njerëzimit. Pas ca kohësh, do të ndërtojmë edhe një kopje të zvogëluar të Ambasadës. Për më tepër, disa rrathë të gjetur në fushat e grurit të Anglisë kanë një ngjashmëri të habitshme me të. Deri më tani janë mbledhur rreth 7 milionë dollarë për ndërtimin e Ambasadës dhe mbledhja e fondeve vazhdon.

Megjithatë, më duhet të them se financat nuk janë pengesa më e madhe për të përfunduar këtë projekt. Çështjet politike dhe diplomatike paraqesin një problem më të mprehtë dhe për ta kapërcyer atë, durimi dhe këmbëngulja janë të detyrueshme. Në këtë drejtim, Lëvizja Ndërkombëtare Raeliane i ka kërkuar vazhdimisht qeverisë izraelite dhe kryerabinit të Jeruzalemit për të marrë atë ekstraterritorialitet të nevojshëm për ndërtimin e Ambasadës pranë Jerusalemit, vendi ku Elohim krijoi qeniet e para njerëzore. Tempulli i parë i fesë hebraike ishte në fakt ambasada e parë rreth së cilës më pas u ndërtua qyteti antik. Elohimët tani presin që shteti i Izraelit t'u japë atyre statusin e ekstra-territorialitetit për Ambasadën e re - Tempullin e Tretë - por asnjë përgjigje pozitive nuk është marrë deri më tani nga Izraeli.

Kontakti i parë u bë më 8 nëntor 1991, ditën e Vitit të Ri hebre dhe një pyetje tjetër zyrtare iu dërgua Kryerabinit të Izraelit disa muaj më vonë. Kjo pyetje është pranuar, njohur dhe vënë në studim. Gjatë verës së vitit 1993, një komision qeveritar izraelit arriti në përfundimin se Lëvizja Raeliane kishte synime paqësore dhe nuk përbënte kërcënim për sigurinë e Izraelit.

Në raportin e tyre, dy rabinë ranë dakord se ishte më mirë të mos bënin asgjë kundër Raelit, në rast se ai ishte Mesia i pritur. Në nëntor 1993, një pyetje më e drejtpërdrejtë iu dërgua kryeministrit Yitzhak Rabin kur ai ishte në Kanada për të marrë pjesë në Konventën Hebraike të Montrealit. Por një muaj më vonë z. Rabin u përgjigj indirekt, përmes një prej përfaqësuesve të kabinetit të tij, se nuk do të bënte asnjë lëshim.

Nëse në fund Izraeli nuk jep ekstraterritorialitetin e kërkuar, ka shumë të ngjarë që ne ta ndërtojmë Ambasadën në një territor palestinez, egjiptian apo ndonjë shtet fqinj. Në të vërtetë, territori i vendosur në shpatet e malit Sinai do të përfaqësonte një alternativë të shkëlqyer, veçanërisht pasi në këtë vend, Jahvé, presidenti i Elohim, iu shfaq për herë të parë Moisiut. Megjithatë, Izraeli duhet të përfitojë nga mundësia që i jep Elohim, sepse mirëpritja e tyre është arsyeja e vërtetë e ekzistencës së tij.

Që në vitin 1990, si dëshmi e ndjenjave të tyre të veçanta ndaj popullit hebre, ata shprehën dakordësinë e tyre me sugjerimin tim për të modifikuar simbolin origjinal të Pafundësisë të përdorur nga Lëvizja Raeliane në Perëndim. Svastika në qendër, një simbol që do të thotë "mirëqenie" në sanskritisht dhe që gjithashtu përfaqëson pafundësinë me kalimin e kohës, është zëvendësuar me një spirale në formën e një galaktike. Ky ndryshim u bë për të lehtësuar rezultatin e negociatave për ndërtimin e Ambasadës Elohim në Izrael, por edhe për respekt për ndjeshmërinë e viktimave që vuajtën dhe vdiqën nën regjimin nazist dhe svastika që e simbolizonte atë gjatë Luftës së Dytë Botërore. . Në Azi, ku svastika mund të gjendet në shumicën e tempujve budistë dhe ku përfaqëson pafundësinë në kohë, simboli origjinal nuk është aspak problem. Megjithatë, në Perëndim, ky ndryshim në simbolin e Lëvizjes Ndërkombëtare Raeliane u bë me dëshirë, dhe sot, ndërsa shikoj prapa dhe shqyrtoj udhëtimin tonë që nga viti 1973, mund të shoh se si gjithçka po shkon sipas planit.

Lëvizja Ndërkombëtare Raeliane një ditë do të realizojë të gjitha synimet e vendosura nga Elohim, me ose pa pjesëmarrjen time. E di që tani është bërë autonome dhe se sot mund të funksionojë në mënyrë perfekte edhe pa mua.

Megjithatë, mbetet shumë për të bërë, madje edhe kur të vijë dita e madhe, kur Elohim do të zbarkojë hapur dhe zyrtarisht para syve të liderëve dhe sundimtarëve të botës, në një sërë kamerash televizive dhe përpara Përfaqësues të mediave të ndryshme ndërkombëtare, unë pres që disa skeptikë të vazhdojnë të pyesin nëse njerëzit shumë të përparuar mund të kishin krijuar vërtet artificialisht gjithë jetën në planetin tonë.

Ata që janë në krye të Lëvizjes Ndërkombëtare Raeliane, dhe unë, jemi të vetëdijshëm se fatkeqësisht kjo mund të ndodhë. Por të mos dekurajohemi... në fakt është krejt e kundërta.

Që nga viti 1973, kërkimet shkencore vazhdojnë të konfirmojnë vetë themelet e informacionit të dhënë nga Elohim. Veçanërisht, kohët e fundit u njoftua në Britaninë e Madhe se shkencëtarët skocezë kishin arritur të klononin një dele. Me këtë ngjarje, një moment historik në historinë shkencore të njeriut, bëhet e qartë se klonimi i qenieve njerëzore është i mundur. Ashtu si në planetin e Elohim, ai do të bëhet gjithashtu një mjet për qeniet njerëzore për të marrë jetën e përjetshme. Asnjë komitet i etikës në botë nuk do të jetë në gjendje t'i ndalojë qeniet njerëzore të dëshirojnë që gjithçka të realizohet.

Hapat e ardhshëm do të bëjnë të mundur transferimin në një individ të ri, një klon fizikisht të ri të rritur, të informacionit mendor, kujtesës dhe personalitetit të një individi të plakur. Ky transferim i kujtesës drejtpërdrejt te një i rritur i ri do të provojë se një qenie njerëzore me të vërtetë mund të jetojë përgjithmonë.

Prandaj, ligjet njerëzore do të duhet të përshtaten me ndryshimet tona kulturore dhe përparimin teknologjik, dhe unë jam shumë krenar që kam krijuar Clonaid, kompania e parë e klonimit, faqja e së cilës tani mund të konsultohet në www.clonaid.com. Do të duhet ende pak kohë para se të realizohet e gjithë kjo dhe do të duhet të shpallen ligje të reja. Ata do të përcaktojnë kriteret sipas të cilave mund të përdoren këto teknologji. Edhe këtu, si në planetin e Elohim, the numri i kloneve duhet të kufizohet në një për individ... dhe të prodhohen vetëm pas vdekjes së tij.

Elohim do të vijë në Tokë në një të ardhme relativisht të afërt, brenda 38 viteve* ose edhe më shpejt, nëse e vërteta që përshkruaj në këtë libër përhapet më shpejt në mbarë botën. Më pas, Elohim do të sjellë me vete Profetët e mëdhenj të së kaluarës, si Moisiu, Elia, Buda, Jezu Krishti dhe Muhamedi. Kjo ngjarje e shumëpritur do të jetë dita më e mrekullueshme në të gjithë historinë njerëzore.

Shpresoj që ju të jeni të pranishëm kur ata të vijnë në Tokë në Ambasadën e tyre dhe të jeni në gjendje të ndani gëzimin tuaj duke ditur se keni qenë pjesë e kësaj aventure të frikshme dhe se keni kontribuar financiarisht në realizimin e saj. Vendi ku është ndërtuar Ambasada do të bëhet qendra shpirtërore e botës për mijëvjeçarët e ardhshëm. Njerëzit e të gjitha kombeve do të vijnë në pelegrinazh në këtë vend të shenjtë. Një kopje e Ambasadës do të ndërtohet pranë asaj reale dhe do të jetë e hapur për publikun për t'u parë brenda.

Por a do të përfundojë misioni i Lëvizjes Raeliane me ardhjen e Krijuesve tanë? Aspak. Përkundrazi, ky do të jetë fillimi i vërtetë i misionit tonë. Me zhdukjen e të gjitha feve primitive, boshllëku do të duhet të mbushet me një spiritualitet të ri, një spiritualitet që do të jetë në harmoni me revolucionin e ardhshëm teknologjik. Ne jemi njerëz sot duke përdorur teknologjinë e së nesërmes me fetë dhe konceptet e së djeshmes. Falë Elohim, ne do të jemi në gjendje të arrijmë nivele të reja shpirtërore, duke përqafuar fenë e tyre, një fe ateiste, atë të pafundësisë që përfaqëson simboli i tyre.

Udhërrëfyesit e Lëvizjes Raeliane do të bëhen priftërinjtë e kësaj feje të re, duke i lejuar qeniet njerëzore të ndjejnë harmoni me të voglat dhe pafundësisht të mëdhatë, duke i lejuar ata të ndërgjegjësohen se janë pluhur yjor dhe energji për përjetësinë. Pranë Ambasadës do të ndërtohen laboratorë dhe universitete ku, nën mbikëqyrjen e Elohim, shkencëtarët tanë do të mund të përmirësojnë njohuritë e tyre. Në këtë mënyrë gradualisht do t'i afrohemi nivelit shkencor të

---

* Deri në vitin 2035 pas Krishtit o viti 90 H. (pas Hiroshimës).

Elohim. Kjo do të na lejojë të shkojmë në planetë të tjerë për të krijuar vetë jetë atje. Kështu, ne do të bëhemi Elohim për ata që krijojmë.
Spiritualiteti dhe shkenca do të punojnë së bashku, më në fund të çliruara nga të gjitha ato frikëra mesjetare që kanë ndjekur të kaluarën tonë. Kjo do të na lejojë të bëhemi vetë "Perëndi", ashtu siç ishte shkruar në shkrimet e lashta shumë kohë më parë. Por së pari le të ndërtojmë Ambasadën!
Rael
Québec, Kanada, vera e vitit 52 pas Hiroshimës (1997).

Bibliografi

La Bibla, përkthim nga Edouard Dhorme

Bibliothéque de La Pléiade (NRF)

Vepra të tjera të autorit

Jashtëtokësorët më çuan në planetin e tyre

Dy vjet pas takimit të parë, më 7 tetor 1975, Elohimët kontaktojnë sërish Raelin në Perigord, një rajon në Francën jugperëndimore, për ta çuar në planetin ku ata jetojnë. Gjatë këtij udhëtimi të jashtëzakonshëm në një planet që është një parajsë e vërtetë falë shkencës, Raeli është dëshmitar i ngjarjeve të jashtëzakonshme që përshkruhen në këtë libër. Për shembull, ai viziton laboratorët ku ruhet sekreti shkencor i jetës së përjetshme, i krijuar falë një procesi klonimi jashtëzakonisht të avancuar dhe takohet me profetët e lashtë që i paraprinë dhe që jetojnë sot me Elohimët në pritje për t'u kthyer në Tokë, si të gjitha fetë. parashikojnë. Me këtë rast, Raeli merr pjesën e dytë të Mesazhit që Elohim ia kishte besuar dy vjet më parë dhe që është me rëndësi thelbësore për të ardhmen e mbarë njerëzimit. Raeli bëhet Lajmëtari i tyre i plotë, Ambasadori i tyre në Tokë dhe Profeti i një feje të re ateiste, të bazuar në pafundësinë dhe përjetësinë, e cila përfaqëson një mjet themelor për zgjimin e qenieve njerëzore. Në këtë libër themelor, ai na prezanton me themelet e trashëgimisë filozofike të Krijuesve tanë jashtëtokësorë, me qëllim që të na hapë mendjet e dremitura me mijëvjeçarë të besimeve dhe bestytnive të rreme.

Duke mirëpritur jashtëtokësorët

Botuar në vitin 1979, kjo vepër u përgjigjet pyetjeve më të rëndësishme të ngritura nga dy librat e parë të Raelit: "Libri që tregon të vërtetën" dhe "Jashtëtokësorët më sollën në planetin e tyre". Ai sjell disa informacione që Elohim i kishte kërkuar Raelit t'i zbulonte vetëm pasi kishin kaluar tre vjet nga takimi i 7 tetorit 1975. Ky libër përfaqëson një plotësues të domosdoshëm për të kuptuar plotësisht librat e mëparshëm të autorit.

Gjeniokracia

Kjo vepër u botua për herë të parë në vitin 1977. Ajo përshkruan sistemin politik, social dhe ekonomik të planetit të Elohim bazuar në Gjeniokracinë. Gjeniokracia është një demokraci selektive që favorizon dhe vendos inteligjencën dhe gjenialitetin njerëzor në shërbim të njerëzimit. Botuar në 1977, "Gjeniokracia" është një nga mjetet më të rëndësishme që Elohimët na kanë dhënë për të transformuar planetin tonë në një parajsë të vërtetë dhe për të frymëzuar revolucionin që do të na sigurojë një të ardhme të ndritshme për mijëvjeçarët e ardhshëm. "Të qeverisësh do të thotë të parashikosh, ata që na kanë qeverisur deri tani nuk kanë mundur të parashikojnë asgjë, prandaj kanë qenë të paaftë për të qeverisur". A nuk është gjëja më e vogël të shpresojmë se jemi të qeverisur nga njerëz që janë më të zgjuar se ne?

Meditim sensual

I botuar në vitin 1980, ky libër është një "manual udhëzues" i vërtetë i dhënë njerëzimit për t'i udhëhequr njerëzit që të përdorin plotësisht aftësitë harmonizuese të trurit të tyre dhe të arrijnë lumturinë dhe vetë-realizimin. Kush e di më mirë se si funksionon një orë sesa oraret që e ka ndërtuar atë? Më pas mund të shijoni përfitimet e meditimit sensual, që i mësohet Raelit nga Elohim, duke marrë audion e ushtrimeve të meditimit në faqen zyrtare www.rael.org ose duke marrë pjesë në Universitetet e Lumturisë të organizuara nga Lëvizja Raelian në çdo kontinent. . Meditimi Sensual i mësuar nga Rael rezulton të jetë shumë i dobishëm për njerëzit e kohës sonë, të cilët shpesh bëjnë jetë plot stres të përditshëm. Qëllimi i tij është të zgjojë mendjen përmes zgjimit të aftësive tona të lindura shqisore për të ndjerë të pafundmën që na kompozon dhe që ne kompozojmë. Meditimi sensual, nëpërmjet një praktike të përditshme, ju lejon të arrini një vetëdije më të madhe për veten dhe të tjerët, dhe të perceptoni elementë të harmonisë universale.

Po për klonimin njerëzor

Në këtë libër ai shpjegon pse klonimi, në fazën që e njohim sot, përfaqëson për të gjithë qeniet njerëzore hapin e parë drejt mundësisë për t'u bërë i përjetshëm. Krijimi i kloneve që do të jenë kopje të sakta fizike të vetes sonë, së bashku me transferimin e kujtesës dhe personalitetit tonë në trurin e tyre, do të na lejojë me të vërtetë të jetojmë përgjithmonë. Ne do të kujtojmë të gjithë të kaluarën tonë dhe do të jemi në gjendje të grumbullojmë njohuri për një kohë të pacaktuar. Ëndrra më e madhe e njeriut, jeta e përjetshme, e cila u premtua nga fetë e kaluara vetëm pas vdekjes dhe në një parajsë mitike, do të bëhet realitet shkencor në një ditë jo shumë të largët. Rael shpjegon gjithashtu se si teknologjitë e reja do të revolucionarizojnë mjedisin dhe jetën tonë. Nanoteknologjia, për shembull, e cila do të shtypë bujqësinë dhe industrinë, super inteligjentët artificialë që do të tejkalojnë shumë aftësitë e mendjes njerëzore, jetën e përjetshme brenda kompjuterëve pa nevojën e një trupi biologjik, teleportimin, robotët biologjikë; këtu janë disa tema ndër shumë të tjera që trajton ky libër, duke na lejuar të shohim një të ardhme të jashtëzakonshme. Dhe siç thotë vetë Raeli, kjo e ardhme nuk ka të bëjë me fantashkencë - e gjithë kjo do të ndodhë në dekadat e ardhshme! Një libër për t'u përgatitur për një botë të paimagjinueshme, e cila do ta bëjë Tokën një parajsë ku askush nuk do të detyrohet të punojë më.

Maitreya, fragmente nga mësimi i tij

Raeli nuk është vetëm lajmëtari i Elohim që sjell një shpjegim revolucionar të origjinës sonë dhe përshkruan një të ardhme të mrekullueshme falë shkencës. Ai është gjithashtu një zgjues i jashtëzakonshëm, i cili, për më shumë se 40 vjet, ka mbajtur seminare meditimi në të gjithë botën dhe ka transmetuar një mësim të mençurisë së pamatshme që ka sjellë lumturi në jetën e mijëra njerëzve. Për aziatikët, Raeli është Maitreya, ose "Buda që vjen nga Perëndimi", siç ishte parathënë.

Ky libër, i botuar në vitin 2003, përmban fragmente nga mësimet e tij të admirueshme në të cilat ai shkatërron frikën dhe ndjenjat e fajit që vijnë nga një edukim që na ka kufizuar thellësisht, dhe sjell një spiritualitet të ri bazuar në konceptin e pafundësisë dhe njohurive shkencore të funksionimit të trurit dhe ndërgjegje. Së fundi, ai përgatit qeniet njerëzore për të hyrë në një epokë të artë që po vjen, falë aplikimit të teknologjive të reja, ndërsa na kujton të meditojmë dhe të zëvendësojmë kulturën e të pasurit, e cila dominon botën e sotme, me një kulturë lumturie dhe qenie.

RAËL
c/o Lëvizja Ndërkombëtare Raeliane
Case Postale 225, CH 1211 Geneva 8 – Switzerland

ose shkruani një email në
balkans@rael.org

Për më shumë informacion, vizitoni www.rael.org.

www.ingramcontent.com/pod-product-compliance
Lightning Source LLC
Chambersburg PA
CBHW070116080526
44586CB00013B/1313